集人文社科之思　刊专业学术之声

刊　　名：文化力研究
主办单位：广东开放大学文化力研究中心
主　　编：蓝　天

2023~2024年卷

编辑委员会

主任委员：蓝　天

委　员：

叶　红　马忠法　方　向　王　俊
毛国民　史建国　朱崇志　范方俊
秦宗财　展　凯　魏则胜　蓝　天

编　辑：刘晓亮　吴喜怡

总第4辑

集刊序列号：PIJ-2018-332
集刊主页：www.jikan.com.cn/ 文化力研究
集刊投约稿平台：www.iedol.cn

广东开放大学文化力研究中心 主办

蓝天 主编

文化力研究

2023~2024年卷　总第4辑

社会科学文献出版社
SOCIAL SCIENCES ACADEMIC PRESS (CHINA)

主编简介

蓝天 先后毕业于安徽师范大学、北京师范大学、山东大学，文学博士，三级教授。现为广东开放大学文化传播与设计学院院长，广东省普通高校人文社科重点研究基地"岭南戏曲文化研究中心"负责人，广东省岭南文化研究基地"岭南非物质文化遗产传承研究中心"负责人，广东开放大学文化力研究中心负责人。荣获广东省"特支"名师、广东省教学名师、广东省南粤优秀教师等称号，入选广东省高校"千百十"人才工程。兼任广东省非遗促进会副会长、广东省本科院校中文教学指导委员会委员、中国文化产业管理专业委员会理事。

目 录

·文化理论与文化哲学研究·

论中国式现代化的传统文化基因
　　——基于中国式现代化与中华优秀传统文化的契合性探赜
　　………………………………………………………… 唐土红 / 1
中国式现代化的文化之维：价值、根基与使命 ………… 车孟杰 / 18
文化的现象学分析 ……………………………………… 李云飞 / 31
包容互鉴的文化共同体观念及其国际法内涵 …………… 王君洁 / 39

·粤港澳大湾区文化研究·

共同的记忆　共同的遗产
　　——建设粤港澳大湾区教育文化遗产游径
　　………………………………………… 曹 劲　张 羽 / 71
身体、侠义与文化身份：《功夫》的文化批判
　　………………………………………… 徐桔林　陈开举 / 89

光影中的狂欢
　　——香港喜剧电影文化身份研究 ·················· 于雪莹 / 104
华文教育视角下广东宗祠文化的社会价值和活化应用研究
　　··· 王衍军 / 115
岭南艺术的人文特质分析及其现代德育价值实现 ········ 梁健惠 / 124

·文化赋能乡村振兴研究·

非物质文化遗产赋能乡村振兴
　　——浙江省乡村走访调研报告 ············ 李　芸　熊小平 / 136
乡村振兴背景下艺术乡村营建模式研究
　　——以丽水古堰画乡为例 ················ 姜　洪　尹　鹏 / 153

·数字媒体艺术研究·

面向元宇宙的智慧博物馆展览发展 ·········· 张　啸　杨得聆 / 173
我国游戏产业发展的新态势 ········ 汪祥斌　肖　健　孙佳山 / 202
游戏买量素材侵权纠纷的"五大"实务要点 ············ 杨　杰 / 220

·文化理论与文化哲学研究·

论中国式现代化的传统文化基因
——基于中国式现代化与中华优秀传统文化的契合性探赜

唐土红[*]

摘　要：中国式现代化有着丰厚的文化底蕴和独特的叙事结构。中华优秀传统文化是中国式现代化的文化特色，它是区别于其他国家现代化的重要指标，同时也在中国式现代化发展的叙事结构中占据重要的基础性地位。在实现中国式现代化新道路的历程中，我们要继承发扬中华优秀传统文化中"民为邦本，本固邦宁"的民生之道、"天下为公"的社会理想、"中和"思想的文明协调、"天下大同"的外交智慧、"天人合一"的生态理念。中国式现代化的实现离不开优秀发展基因的价值引领。中华优秀传统文化中蕴含着丰富的现代化发展基因，要在创造性转化、创新性发展中华优秀传统文化中实现中国式现代化；在批判的基础上，有效吸纳西方现代化过程中的合理因素去实现中国式现代化。

关键词：中国式现代化；文化基因；文化创新；大同理想

---

[*] 唐土红，华南农业大学马克思主义学院教授。

习近平总书记指出："中国式现代化，深深植根于中华优秀传统文化。"① 中国式现代化道路同中华优秀传统文化休戚相关，是没有脱离传统文化发展的现代化，中国式现代化是在传承中华优秀传统文化中一步步实现的。正如习近平总书记提出的："如果没有中华五千年文明，哪里有什么中国特色？"② 党的二十大报告明确指出了我国未来要以中国式现代化全面推进中华民族伟大复兴，中国式现代化之所以能不断取得历史性成就，不仅是因为坚持中国共产党领导和马克思主义的科学指导，还有一个重要原因——一直坚持对中华优秀传统文化守正创新。中国共产党自成立以来，始终坚持将马克思主义基本原理同中国具体实际相结合，同中华优秀传统文化相结合，开创了中国式现代化的新局面。目前，学界对中国式现代化的研究，往往聚焦其历史渊源、理论基础、价值意义及内涵，事实上，中国式现代化的提出与实践，有着丰富的文化基础，中国式现代化与中华优秀传统文化具有高度的契合性。本文立足于中华优秀传统文化，探寻中国式现代化的文化底蕴和精神特质，为推进中国式现代化提供精神力量与文化支撑。

中国式现代化与传统文化之间存在本质上的内在性联系。中国式现代化植根于深厚的传统文化之中，体现了对中国文化深层结构的继承与发展，尤其是与"和合思想"高度契合，集中展现为"民为邦本，本固邦宁"的民生之道、"天下为公"的社会理想、"中和"思想的文明协调、"天下大同"的外交智慧、"天人合一"的生态理念。

---

① 《习近平在学习贯彻党的二十大精神研讨班开班式上发表重要讲话强调 正确理解和大力推进中国式现代化》，《人民日报》2023年2月8日。
② 《习近平在文化传承发展座谈会上强调 担负起新的文化使命 努力建设中华民族现代文明》，《人民日报》2023年6月3日。

一 "民为邦本"的民本思想传递出人民至上的价值诉求

方向决定道路,道路决定命运。党的二十大报告擘画了以中国式现代化推动中华民族伟大复兴的宏伟蓝图。坚持人民至上、以人民为中心的发展思想是中国式现代化的本质要求。这一本质要求根植于中华优秀传统文化之中。

中国古代的农耕经济催生了集体政权,同时也衍生了民本主义。古人认为只有老百姓安居乐业才能够使得社会稳定有序,社稷得以保全。因此,重民思想成为传统文化中的一贯之道。《尚书·五子之歌》就曾提到"民惟邦本,本固邦宁"。"惟命不于常""敬从天命,怀保小民"(《尚书·周书》),主张要时常体察民情,勤于社稷,以通天意。周王强调"天命"的本质是"民意",在讨伐殷商之后将其对天的宗教信仰扭转为民本的政治理想。周王对国家治理中民众力量重要性的认识具有先行性,他这种重视民意的观念在古代统治集团中是较为出彩的。春秋战国时期儒家诸子的民本思想得到了重要发展,这奠定了中国传统民本思想的基础。儒家士人在吸纳周王的民本思想后,淡化了其中包含君权神授的宗教色彩。孔子教育统治者:"节用而爱人,使民以时。"(《论语·学而》)统治者在位时应当为政以德,体察民情,爱惜民力。孟子在阐述尧舜帝王禅位时强调国家的基础在国民,并提出君民关系:"得天下有道,得其民,斯得天下矣。得其民有道,得其心,斯得民矣。"(《孟子·离娄上》)"水能载舟,亦能覆舟"(《荀子·哀公》),荀子也借此警示当权者统治的根基在百姓,统治者应当关心民众的权益。明清之际,关于君民关系黄宗羲在其著作《明夷待访录》中提道:"古者以天下为主,君为客;凡君之所毕世而经营者,为天下也。"强调了人民的重要性。尽管中国的历史趋势是专制皇权愈来愈集中，但"民为邦本"的民本思想并未湮没在历史长河之中，"民本""民意""民生"在传统中国向前发展的漫长岁月中扮演着重要的角色。

传统民本思想蕴含了爱民、恤民、利民的理论依据，这对中国式现代化的建设具有极大的启发意义。[①] 中国式现代化是人口规模巨大的现代化，这同样也是我国的基本国情。中国共产党之所以能够带领全党全国各族人民迈进小康社会，开启全面建设社会主义现代化国家新征程，根本原因在于党始终坚持以人民为中心，坚持中国共产党根基在人民、血脉在人民、力量在人民。

一百多年前，孙中山先生汲取中华优秀传统文化，提出了"三民主义"的强国梦想，其在《建国方略》中构想出了一幅中国建设的宏伟蓝图，绘就了以"三民主义"为核心的国家"富强之梦"。但因为早逝未能完成他所描绘的中国发展蓝图和梦想。中国共产党始终是中华优秀传统文化的忠实继承者和发展者，从诞生之日起就将为中国人民谋幸福、为中华民族谋复兴作为自身的初心使命，成功推进了"以人民为中心"的中国式现代化进程。毛泽东在《关于领导方法的若干问题》中提出将"从群众中来，到群众中去"作为党的基本领导策略。邓小平继而提出，评判现代化建设的核心准则，就是"三个有利于"。"三个有利于"是邓小平的价值判断中最根本的评价标准，具有鲜明的民本主义思想。邓小平要求以人民为评价主体，不论是革命还是建设和改革，都必须以人民的利益、人民的权利、人民的价值为最高标准。

在新中国成立特别是改革开放以来长期探索和实践的基础上，经

[①] 陈慧敏：《中国式现代化道路的传统文化基因探赜》，《西北民族大学学报》（哲学社会科学版）2023年第4期。

过党的十八大以来党在理论和实践上的不断创新与突破，我们迈向了以中国式现代化全面推进中华民族伟大复兴的新征程。习近平总书记坚持马克思主义唯物史观，传承中华优秀传统文化，贯彻以人民为中心的发展思想，坚持人民至上，健全人民当家作主制度体系，让改革发展成果更多更好地惠及全体人民，体现人民意志，保障人民权益，充分激发全体人民的积极性主动性创造性。在中国式现代化的实践探索中，始终传承中华优秀传统文化中的民本主义思想，在秉持"善政之要，惟在养民"治国理念的基础上不断传承创新，形成坚持人民至上、以人民为中心的发展思想，开辟了一条坚持党的领导、人民当家作主、依法治国有机统一的中国特色社会主义发展道路，使中国式现代化始终传递出人民至上的价值诉求。

二 "天下为公"的社会理想提炼出共同富裕的本质要求

共同富裕是社会主义的本质要求，是中国式现代化的重要特征，也是中国共产党的奋斗目标。中国传统文化的历史发展涵养了中华民族的精神气质，构筑了社会生活基本的价值体系，价值体系所产生的"公天下"观念正是中华民族追求共同富裕的源头。

"天道均平"思想是我国最古朴的共同富裕思想。早在春秋时期，老子便主张"天之道损有余而补不足。"[1] 即统治者的富有不应由百姓的贫苦来承担，应将权贵者的"有余"分给百姓。"天道均平"思想成为我国最质朴的共同富裕的理论溯源，也一度成为中华民族共同追求的价值理想。庄子也提出均贫富的伦理规范，《庄子·胠箧》中就提道："分均，仁也。"儒家代表人物孔子也提出"不患寡而患不均，

---

[1] 朱谦之：《老子校释》，中华书局，1984。

不患贫而患不安"①的至理名言，表达了我国先民对安宁、和谐、富裕社会的向往。回顾中华传统文化的发展历程，"大同""小康"社会构想均体现出无数仁人志士对"共同富裕"美好生活的期盼以及对和谐社会的渴望。到了汉代，中国古代儒家经典《礼记·礼运》生动描绘了"大道之行""天下为公"的社会愿景，将一幅和美社会的蓝图徐徐展开，体现了浓厚的"共同富裕"理念。这些观点与新时代推进全体人民共同富裕的战略举措不谋而合，从历史视域来看，仁人志士对劳动人民的重视、美好社会的构想、天下为公的追求孕育了中华民族独特的文化基因，映照了中华民族的精神禀赋。中国式现代化道路传承中华优秀传统文化"天下为公"的文化基因，涵养着"以义制利，以道制欲"的致思路径，是"全体人民共同富裕的现代化"。

习近平总书记指出，"一些国家贫富分化，中产阶层塌陷，导致社会撕裂、政治极化、民粹主义泛滥，教训十分深刻！我国必须坚决防止两极分化，促进共同富裕，实现社会和谐安定""共同富裕是社会主义的本质要求，是中国式现代化的重要特征"②。与西方资本主义追求"利益最大化原则"不同，中国式现代化强调要充分发挥政府功能，防止资本野蛮生长和无序扩张，着力解决好人民群众急难愁盼问题，增强均衡性和可及性，扎实推进共同富裕。中国式现代化道路是以满足人民美好生活向往为目标，不是虚伪地披着利益最大化的羊皮啃噬劳动人民的血肉，而是将中华优秀传统文化的思想浸润在现代化发展中，将其核心思想作为行动指引，彰显了中华文明的优越性和时代性③。

---

① 朱熹：《四书章句集注》，中华书局，1983。
② 《习近平谈治国理政》（第四卷），外文出版社，2022。
③ 周乔：《中国式现代化的中华优秀传统文化底蕴》，《品位·经典》2023年第7期。

三 "尚中贵和"的辩证思想积淀了物质文明和精神文明协调发展理念

党的二十大报告指出,"物质贫困不是社会主义,精神贫乏也不是社会主义"[①]。中国式现代化并非一味追逐单一的、片面的物质经济指标,而是强调在充分满足人民物质美好生活需要的前提下,人民的精神美好生活需求也应不断丰富。在人类现代化的演进范式中,现代化的模式有多种,但有两种典型样态:一是中国式现代化,二是西方式现代化。西方式现代化的驱动力是资本逻辑,其实质是以资本为中心的现代化、两极分化的现代化、物质主义膨胀的现代化及对外扩张掠夺的现代化。这种现代化凭借对世界的殖民掠夺奠定其"起手优势",又通过对劳动者的盘剥压榨完成资本原始积累,并通过修订有利于自身的贸易规则强化其在世界体系中的支配地位。因此,西方式现代化是一个血淋淋资本积累的现代化过程,演绎的是"人""物"分离、精神文明和物质文明割裂的过程,是只见"物"不见"人"的现代化。与西方现代化之路不同,中国式现代化摒弃了西方现代化老路,打破了"现代化=西方化"的迷思,展现了不同于西方现代化模式的另一幅图景,打破了"现代化就是西方化"的幻象。中国式现代化是物质文明和精神文明相协调的现代化,既强调"物"的维度,更强调"人"的维度,使我国社会经济发展既见"人"又见"物",真正实现"人"和"物"均衡发展、物质文明与精神文明协调发展。

"尚中"是中华传统文化的重要理念和精神,中庸、中和、中正

---

① 习近平:《高举中国特色社会主义伟大旗帜 为全面建设社会主义现代化国家而团结奋斗——在中国共产党第二十次全国代表大会上的报告》,人民出版社,2022。

是人们追求的理想状态和境界。"尚中"是指做事时既不能过于保守，也不能过于激进，即要适中。"中"是人们对射箭"中"的认识派生，理学家程颐为"中"下定义时指出"中"即为"正"，意为不左不右，不上不下，恰到好处。"贵和"中的"和"指的是和谐，即人与自然、人与社会、人与人、人与己之间的和谐。"贵和"思想历史悠久，西周末年周太史伯指出："夫和实生物，同则不继。"其辩证地认为，不同事物之间彼此为"他"，只有"以他平他"，把不同的事物联结在一起，相互配合达到一种平衡，"和"方能产生新事物。春秋末年，齐国晏子提出"相继相成"的思想，继续发展"和"之内涵。孔子则提出"礼之用，和为贵"思想，若达到中和，便是天地位焉，万物育焉，人与自然，人与社会、人与自身之间形成和谐的磁场。《易经》指出，"一阴一阳之谓道。"（《易传·系辞上》）即任何事物都有相反的两面，两种力量相互推移，不可偏废。精神文明和物质文明的发展同样不可以此消彼长，应是协调发展，相互推进。

在儒家传统文化中，孔子还提出"富民教民"[①]思想，强调治理国家需要经历"庶""富""教"，三者需循序渐进。孔子认为，百姓富庶之后，就应该对其进行教化，这是为政者的最高层次。"教化"指政教教化、教育感化、环境影响等有形与无形统筹发展的过程。既注重正面灌输道理和理念，又在日常生活中将人们的精神品质融于心化为行。儒家强调，"教化"应防止奸邪肆虐，一旦缺乏文化教育且社会财富畸形集中，过度的贫富差距将导致严重的社会问题。西汉贾谊对此也认为："夫万民之从利也，如水之走下，不以教化堤防之，不能止也。"贾谊将"教化"比作阻止洪水的大堤，强调人之"精神"的重要性。传统文化中的"尚中贵和"思想以及"教化"观念，均映

---

① 张燕婴译注《论语》，中华书局，2007。

照了"精神"与"物质"的关系,为中国式现代化强调"物质文明和精神文明相协调"提供了传统文化基础。

马克思主义也深刻阐释了物质与意识的关系,物质文明是精神文明的基础,精神文明为物质文明提供动力。中国共产党人是马克思主义的坚定信仰者,是中华优秀传统文化的传承者,也是中国式现代化的推动者和践行者。中国式现代化要以经济建设为中心,大力发展物质文明建设。但要避免单一化、简单化,在推动物质文明的同时,也要大力发展精神文明建设,实现人自由而全面的发展。1940年,毛泽东就提出:"我们不但要把一个政治上受压迫、经济上受剥削的中国,变为一个政治上自由和经济上繁荣的中国,而且要把一个被旧文化统治因而愚昧落后的中国,变为一个被新文化统治因而文明先进的中国。"[①] 习近平总书记高度重视物质文明和精神文明的关系,"我国的现代化是物质文明和精神文明相协调的现代化……弘扬中华优秀传统文化,增强人民精神力量,促进物的全面丰富和人的全面发展。"[②] "我们说的共同富裕是全体人民共同富裕,是人民群众物质生活和精神生活都富裕"[③]。

党的二十大报告指出,"物质富足、精神富有是社会主义现代化的根本要求"[④]。历史和现实均表明,物质文明和精神文明相协调不可能自然而然地实现,生产力在不断解放的同时,社会发展也经常面临消极观念的蚕食、低级趣味的污染、价值观的分歧冲突以及质疑理性、否定道德等现象冲击。仓廪实而知礼节,衣食足而知荣辱。在现代化

---

① 《毛泽东选集》(第二卷),人民出版社,1991。
② 《习近平谈治国理政》(第四卷),外文出版社,2022。
③ 《习近平谈治国理政》(第四卷),外文出版社,2022。
④ 习近平:《高举中国特色社会主义伟大旗帜 为全面建设社会主义现代化国家而团结奋斗——在中国共产党第二十次全国代表大会上的报告》,人民出版社,2022。

的征程中，我们须传承中华优秀传统文化中"尚中贵和"的思想，以辩证、全面、平衡的观点正确处理物质文明和精神文明的关系，不仅要求以高质量发展推动物质方面的富足，更要重视丰富人们的精神世界，促进物质文明和精神文明协调发展。

四 "天下大同"的外交张力刻画出构建人类命运共同体的大国风范

党的二十大报告指出，"中国式现代化是走和平发展道路的现代化。我国不走一些国家通过战争、殖民、掠夺等方式实现现代化的老路，那种损人利己、充满血腥罪恶的老路给广大发展中国家人民带来深重苦难。"[①]

中国坚定不移地实行多边主义，并且在推进全球治理的进程中实行更加积极主动的开放战略。超越西方意识形态的狭隘与偏见，真正站在构建人类命运共同体的高度，为世界进步谋出路。我们"坚定维护国际公平正义，倡导践行真正的多边主义，旗帜鲜明反对一切霸权主义和强权政治，毫不动摇反对任何单边主义、保护主义、霸凌行径。"[②] 中国式现代化高举和平、发展、合作、共赢的大旗，始终站在人类文明进步的一边，既在维护世界和平与发展中谋求自身发展，又以自身发展更好地维护世界和平与发展。中国式现代化的这种致思路径，与儒家思想中弘扬的"美美与共，天下大同"不谋而合。

中国式现代化高举和平、发展、合作、共赢的大旗，渗透着中华

[①] 习近平：《高举中国特色社会主义伟大旗帜 为全面建设社会主义现代化国家而团结奋斗——在中国共产党第20次全国代表大会上的报告》，人民出版社，2022。

[②] 习近平：《高举中国特色社会主义伟大旗帜 为全面建设社会主义现代化国家而团结奋斗——在中国共产党第20次全国代表大会上的报告》，人民出版社，2022。

优秀传统文化"天下大同"的重要因子。中华民族自古以来就是热爱和平的民族,"和合""和平""和睦""和谐"等价值追寻早已扎根于中华民族的精神世界,融入中华民族的血脉。早在先秦时期,中国的先贤们就提出"亲仁善邻,国之宝也"(《左传·隐公六年》)的论断,认为亲近仁德、与邻邦和平相处是一个民族的立国法宝。儒家经典文献《礼记·礼运》更是提出"天下大同"思想,强调要构建一个"人人友爱互助,家家安居乐业,没有差异,没有战争"的"大同世界"。中国传统文化被视为"家本位"的文化,由"家"及"国",从修身齐家到治国平天下。人们从家庭走向国家,中国传统文化思想将家庭伦理和社会政治伦理连接起来,父母对于子女的情感迁移到社会化的运用中,由此产生了家国同构的观念。因此中国传统文化中谈起的"家国",不只是外在的政治结构,还包含了家情、故乡情与世界情。[①]"天下大同""亲仁善邻"的美好社会理想追求正是建立在这种理念基础之上,体现了中华优秀传统文化的睦邻智慧与处世之道,也成为我们今天"构建人类命运共同体"的思想源泉之一。从"亲仁善邻"和"天下大同"的社会理想到人类命运共同体的构建理念,展示了中国人民对世界和平和美好生活的自觉建构,它不仅蕴含着中华优秀传统文化中的"中国智慧",更是对中国式现代化进程及人类命运的一种深度反思和前瞻性规划。在逆全球化思潮抬头、单边主义和保护主义上升、局部冲突和动荡频发、全球性问题加剧、世界进入新的动荡变革之际,探析从"天下大同"到"人类命运共同体"的文化生成图式,可为构建全球治理新秩序提供必要的思想文化资源。

"人类命运共同体"建立在世界的语系中,着眼整个人类,强调

[①] 朱汉民:《中国文化基因与中华文明生命力》,《中国哲学史》2022年第4期。

的是世界的"普遍性"而非"特殊性"。这种思想理念与中华优秀传统文化具有高度的契合性。在邦交上,中华优秀传统文化一直秉持着"以和为贵"的理念,儒家"君子和而不同"和墨家"兼爱""非攻"思想均在倡导世界和平与安宁,摒弃以战争解决问题,体现了中华优秀传统文化"以和为贵"的外交理念,体现了大国风范。中华优秀传统文化强调邦国之间休戚与共、合作共赢,这些都是对"天下为公"道德信念的凝聚。中华传统文化不只是满足物质上的利益,还注重精神上的追求。无论是人与人相处还是国与国之间,均讲究"义气"二字,强调"义利相兼,先义后利"。在儒家传统中,"义"为儒者们心中至高无上的道义。孔子说"君子喻于义,小人喻于利。"(《论语·里仁》)要求人们"见利思义",孟子也强调不义之利"不苟得"。[1]

中国式现代化蕴涵着"亲仁善邻"和"天下大同"的文化基因,中国式现代化克服了西方现代化的种种弊端,与中华优秀传统文化相融合,实现对西方现代化的内在超越。[2] 在现代化的征程中,中国式现代化坚决站在历史正确和人类文明进步的一面,坚决不走一些国家通过战争、殖民、掠夺等方式实现现代化的老路,旗帜鲜明地反对一切霸权主义、强权政治和霸凌行径,捍卫全人类共同价值,体现了中国式现代化的传统文化底蕴。"讲信修睦,以和为贵"是中国传统文化的重要价值准则,更是新时代中国外交的一面鲜艳旗帜。一直以来,中国坚定奉行互利共赢的外交战略,利用中国新的发展机遇为世界提供新的答案之书。习近平总书记强调:"中国已经开启全面建设社会主义现代化国家新征程。我们愿同各方一道努力,秉持真正的多边主

---

[1] 李栗燕:《人类命运共同体思想的中华法文化意蕴》,《法律科学》(西北政法大学学报)2021年第3期。

[2] 俞小和:《中国式现代化道路的文化内蕴及其叙事结构》,《新视野》2023年第4期。

义，讲信修睦，合作共赢，向着推动构建人类命运共同体的目标稳步迈进。"①

五 "天人合一"的生态理念淬炼了"人与自然和谐共生"生态福祉

习近平总书记在全国生态环境保护大会上强调，"要站在人与自然和谐共生的高度谋划发展""加快推进人与自然和谐共生的现代化"②。人与自然和谐共生既是中国式现代化的重要特征，也是全面建设社会主义现代化国家的内在要求。"天人合一"的宇宙观中彰显出人与自然和谐共生的价值理念。

西方文化内核紧扣人要征服自然、改造自然，以此来求得自己的生存和发展。但是在中国古代思想中人与自然的和谐统一受到极大的重视，古代思想家洞察天地万物自然发展的规律，主张天人协调反对割裂。尽管古圣先贤没有直接立著讲解人与生态自然环境之间的关系，但是他们讨论的命题中孕育着诸多的生态环保思想，如"道法自然""天人合一""取用有节"等。儒家倡导"要先和自然交朋友，和谐共处，再伸手向自然索取人类生存所需的一切。"同时推崇尊重生命、兼爱万物的生态伦理观，即自然万物与人类拥有同等的价值尊严。常言"上天有好生之德"，万物和人都是天地育化的结果，由人及物，儒家将仁爱的规范延伸到了爱物的领域中，将爱护自然万物提升到了君子道德的高度。和儒家的主调不一样，道家是以超脱社会伦常为目的，从一种非功利的角度来把握天人关系。老子将人、天、地

---

① 《习近平在第六届东方经济论坛全会开幕式上的致辞》，新华社，2021年9月3日。
② 新华网：《习近平在全国生态环境保护大会上强调 全面推进美丽中国建设 加快推进人与自然和谐共生的现代化》，http://www.news.cn/politics/2023-07/18/c_1129756336.htm。

三者的关系凝练为"人法地，地法天，天法道，道法自然"（《道德经·第二十五章》），其中"道法自然"概括了天地万物的根本属性，预示了万事万物应遵循自然规律。

"天人合一"一词出自张载的《正蒙·乾称》，但其最早可追溯到《周易》，"夫大人者，与天地合其德，与日月合其明，与四时合其序。"主要讲述了宇宙万物的规律，并且人要遵守这种规律，为自己的行为塑造准则。虽然通篇没有出现"天人合一"一词，但是从广义的角度上来看，全文都是在讲述天与人的关系。北宋张载则明确提出"天人合一"，指出人性的善良源于天的实理，人与天相融合。他提出"民我同胞，物吾与也"，将大自然看成人类的伙伴。与之相似的还有《庄子》中的一句话："天地与我并生，而万物与我为一。"这里所表达的意思就是万物毫无例外都是平等的。程颢、陆九渊以及明代的王阳明又将该思想进一步发挥，认为人的灵明与天地万物的灵明是相互依赖的。

古人不仅在思想上强调人和自然的和谐相处，在实际生活中也十分重视对自然的保护。我国关于自然保护的思想和由此产生的礼仪制度早在先秦前就已经产生了。《国语·鲁语上》中记载的"里革断罟匡君"故事中里革教育宣公要根据"古训"，合理利用生物资源，不应该在鱼类生长繁殖季节用网捕鱼。由此可以看出，古代人们对于自然资源保护的重视。中国传统文化中的"取用有节"的观念更是体现了人类爱护自然的伦理关怀，孟子强调要"数罟不入洿池""斧斤以时入山林"，要求节制捕鱼、根据时节伐木，孕育了生态保护的思想。更值得一提的是，《礼记》也强调要保护草木生态，要求人们对自然的取用既要有时令上的规定又要有数量上的限制[1]。古人很早就运用

---

[1] 张溪：《中国式现代化"人与自然和谐共生"理念的三重逻辑》，《黑河学院学报》2023年第6期。

教育和管理来保护自然，早早设立"虞"的职位，荀子指出虞师的责任就是管理山泽，使国家足用而财务不匮乏。除此之外，人们还设立了相关的礼仪制度来规范相关的行为来更加有效地保护生物资源。除《国语》和《左传》中所提到的古制之外，《周礼》和《礼记》中也记录了许多管理条文。儒家伦理是中华传统文化的精神基石，而礼被视为儒家伦理中的重要组成部分，因此中华文化中的伦理道德有一部分是从礼中延伸出来的①。许多环境保护的条文主要出现在《吕氏春秋》一书中，书中详细描述了在几月应当做什么事，顺时立政。春秋战国后法律被用来进一步保护自然资源，其中含有保护生态思想的是秦代的"田律"。其中规定了："春二月，毋敢伐材木山林及雍（壅）隄水。不夏月，毋敢夜草为灰，取生荔、麛卵鷇，毋毒鱼鳖，置穽罔（网），到七月而纵之。"② 这体现了古人在对待生态文明发展时秉持着可持续发展的思想。③

中国式现代化道路是一条人与自然和谐相处的现代化道路，这不仅体现出党中央对我国生态文明建设的高度重视，彰显出我国在生态文明建设的维度中对中国式现代化更深层的理解，同时也为世界如何实现人与自然和谐共生提供了中国智慧和中国方案。从天人合一到新时代的"绿水青山就是金山银山"，生态文明象征着人类文明发展的趋势和走向，在自然和宇宙面前，人类是如此渺小，这不断在警示着我们敬畏自然，深入挖掘发扬天人合一的理念能够为解决当今人类所面临的生态环境问题提供有益的启示。党的十八大以来，习近平总书记多次奔走在乡间地头，他指出，"生态环境保护是功在当代、利在

---

① 罗桂环：《中国古代的自然保护》，《北京林业大学学报》（社会科学版）2003年第3期。
② 睡虎地秦墓竹简整理小组编《睡虎地秦墓竹简》，文物出版社，1978。
③ 张媛媛：《人与自然和谐共生：中国式现代化的传统文化生态智慧及当代法治实践》，《陕西理工大学学报》（社会科学版）2023年第4期。

千秋的事业""生态兴则文明兴，生态衰则文明衰"[①]。只有人们树立起尊重自然的科学态度和自然观念，我们才能够在生态文明建设的步伐中真正实现"顺应自然"和"保护自然"。深入推进以人与自然和谐相处的现代化创造人类文明新形态的生态文明建设是一项推进构建人类文明新形态的基础性任务。

党的十八大以来，习近平总书记走到何地，生态文明建设的理念就传达到何地：在浙江，强调"绿水青山就是金山银山"；在四川，强调修复长江生态环境的重要性，不搞大开发；在塞林坝林场，弘扬塞林坝精神推动绿色经济；在青海，反复叮嘱生态是资源与财富；在内蒙古，察看沙地治理情况。放眼人类文明，审视当代中国。习近平总书记深入各地考察，科学回答了自然生态与人类文明之间的关系，系统阐述了两者休戚相关、兴衰与共的规律。中国的大国身影在国际上也频频出现，从肯尼亚加里萨郡的最大光伏电站到非洲的"绿色长城"，无不体现了中国智慧与中国方案的原创性贡献。面对生态挑战，中国展现出了大国应有的责任与担当。在新征程上，中国更加注重人与自然和谐相处的理念，不断加强自身的生态文明建设以促进全球生态文明发展，为创建清洁美丽世界贡献中国力量。

六 结语

我们正在大力推进中国式现代化，以中国式现代化推进中华民族伟大复兴。中国式现代化是中国特色社会主义实践与理论的重大创新。这些年我们所取得的历史性创新和历史性成就并不是"飞来石"

[①] 中共中央文献研究室编《习近平关于社会主义生态文明建设论述摘编》，中央文献出版社，2017。

"舶来品",更不是与生俱来的,而是通过我们几代人立足于自身文化沃土艰苦卓绝奋斗所得来的。中华优秀传统文化是中华文明的智慧结晶,更是中华民族的突出优势。在中国式现代化的历史进程中,中华优秀传统文化与科学社会主义价值观相契合,实现了创新性发展,极大地开拓了中华民族的现代文明。

中国式现代化的文化之维：
价值、根基与使命

车孟杰[*]

摘 要：中国式现代化是中国共产党的重要理论创新成果，在实践上深化"两个结合"思想内涵，彰显中国特色社会主义文化自信，具有深刻的文化价值。根植于中华优秀传统文化的中国式现代化，蕴含"民惟邦本"文化理念、"天下大同"文化基因、"中庸之道"文化思维、"天人合一"文化精神以及"协和万邦"文化准则等中华文明智慧，在新时代新征程上肩负起开创人类文明新形态的文化使命。通过焕发21世纪马克思主义生机活力、激活中华优秀传统文化价值理念、促进人类文明持续发展进步，中国式现代化必将实现对中华传统文明形态和当代资本主义文明形态的双重超越。

关键词：中国式现代化；文化价值；文化根基；文化使命

党的二十大报告深刻揭示了中国式现代化的科学内涵、基本特征和本质要求，鲜明地提出了中国共产党"以中国式现代化全面推进中

---

[*] 车孟杰，文学博士，佛山市委党校科研处副教授，主要从事中华传统文化研究。

华民族伟大复兴"① 的使命任务，成为党在新时代新征程中的重要理论创新成果。中国式现代化以马克思主义为指导思想，坚持把马克思主义基本原理同中国具体实际相结合、同中华优秀传统文化相结合，既有对中华文化立场的深刻坚守，也有对西方现代性精神的科学扬弃，并开创人类文明新形态，具有丰富的文化意蕴。

一 文化价值：中国式现代化彰显中国特色社会主义文化自信

中国式现代化，是中国共产党领导的社会主义现代化，既有各国现代化的共同特征，更有基于自己国情的中国特色。它不仅是中国共产党领导中国人民将马克思主义基本原理同中国具体实际相结合、同中华优秀传统文化相结合的实践总结，而且在理论上进一步深化了"两个结合"的思想内涵，充分彰显了中国特色社会主义文化自信，蕴含深刻的文化价值。

（一）凝聚中华民族伟大复兴精神力量

习近平同志在参加党的二十大广西代表团讨论时指出："中国式现代化扎根中国大地，切合中国实际"②。中国共产党带领中国人民立足中国实际和独特国情，在新中国成立特别是改革开放以来长期探索和实践的基础上，经过党的十八大以来在理论和实践上的创新突破，成功推进和拓展了中国式现代化，探索出适合自身的中国特色社会主义现代化发展道路。在坚持马克思主义基本原理同中国具体实际相结

---

① 《习近平著作选读》（第一卷），人民出版社，2023。
② 《习近平在参加党的二十大广西代表团讨论时强调 心往一处想劲往一处使推动中华民族伟大复兴号巨轮乘风破浪扬帆远航》，《人民日报》2022年10月18日。

合的基础上，中国共产党坚定中华文化自信，坚守中华文化立场，通过创造性转化、创新性发展中华优秀传统文化，深入发掘蕴含其中具有当代价值的思想观念、价值理念、道德规范和人文精神，使其与马克思主义基本原理深度结合与融通发展，不断凝聚全国各族人民的精神力量，共同推动中华民族伟大复兴历史进程的实现。

中国式现代化具有独特的文化与理论基因，在与马克思主义基本原理结合时科学扬弃西方现代性精神，形成了以人口规模巨大、全体人民共同富裕、物质文明和精神文明相协调、人与自然和谐共生、走和平发展道路为五大主要特征的现代化，体现了中国风格和中国特色。正如习近平总书记所强调："当代中国的伟大社会变革，不是简单延续我国历史文化的母版，不是简单套用马克思主义经典作家设想的模板，不是其他国家社会主义实践的再版，也不是国外现代化发展的翻版。"① 作为人类实现现代化的一种新路径，中国式现代化不仅在推进中华民族伟大复兴的进程中展现了中华文明的强大智慧，是对西方现代性价值的超越；同时，也拓展了人类文明发展进步的广阔空间，为解决当前人类面临的共同问题提供了中国智慧、中国方案、中国力量。

（二）巩固中华民族的文化主体性

习近平主席指出："中国式现代化是以人民为中心的现代化，其中一个重要目标就是在不断提高国家经济实力、人民生活水平的同时，不断丰富人民的精神世界、提高全社会文明程度、促进人的全面发展。"② 中国式现代化的本质是人的现代化，通过物质文明和精神文明相协调，实现人的物质富足、精神富有，突出人民的文化主体地位，

---

① 《习近平谈治国理政》（第三卷），外文出版社，2020。
② 习近平：《汇聚两国人民力量 推进中美友好事业——在美国友好团体联合欢迎宴会上的演讲（2023年11月15日，旧金山）》，《人民日报》2023年11月17日。

进而促进人自由而全面的发展。党的十八大以来，以习近平同志为核心的党中央坚持中国特色社会主义文化发展道路，围绕举旗帜、聚民心、育新人、兴文化、展形象建设社会主义文化强国，发展面向现代化、面向世界、面向未来，民族的、科学的、大众的社会主义文化，激发了全民族文化创造活力，增强了实现中华民族伟大复兴的精神力量，展现出具有鲜明中国特色的中华民族文化主体性。

中国式现代化，正是坚持以人民为中心的文化价值选择，一切工作围绕人民这个中心开展，始终追求发展为了人民，发展依靠人民，发展成果由人民共享，映照了中国共产党人的初心使命和社会主义的性质宗旨。同时，中国式现代化通过实践深化"两个结合"的理论内涵，从思想、制度、载体等各个层面不断巩固中华民族的文化主体性，进而推动中华民族现代文明的深入建设，向世界彰显中国特色社会主义文化自信。

二 文化根基：中国式现代化植根于中华优秀传统文化

作为马克思主义基本原理同中国具体实际相结合、同中华优秀传统文化相结合的理论产物，中国式现代化蕴含深厚的中华优秀传统文化内涵。党的二十大报告指出："中华优秀传统文化源远流长、博大精深，是中华文明的智慧结晶"[1]。中国式现代化的五大主要特征，正是对中华优秀传统文化的传承与发展，彰显出中华文明的精神智慧。

（一）"民惟邦本"的文化理念

人口规模巨大的现代化是中国式现代化的首要特征，也是中国最主要的基本国情。中国作为一个拥有14亿多人口的大国，在实现现代

---

[1] 习近平：《习近平著作选读》（第一卷），人民出版社，2023。

化的进程中，注重的是人的全面发展、人民生活质量的提高以及社会的整体和谐稳定。习近平总书记指出："我国十四亿人口要整体迈入现代化社会，其规模超过现有发达国家的总和，将彻底改写现代化的世界版图"①。从世界历史的发展进程看，中国式现代化要解决的是全体中国人的现代化，是一种以人民为中心的现代化模式，有别于只解决少数人现代化、以资本为中心的西方现代化模式，体现了中国这个有着5000年文明的国度对民生的重视，展现出一脉相承的"民惟邦本"理念。

"民惟邦本"是中华优秀传统文化的根本理念。"民惟邦本，本固邦宁"语出《尚书·五子之歌》，强调人民为国家的根本，只有这个根本稳固了，国家才能长治久安。"政之所兴在顺民心，政之所废在逆民心"（《管子·牧民》）、"治国有常，而利民为本"（《淮南子·汜论训》）、"天地之大，黎元为先"（《晋书·宣帝纪》）等经典语录，都反映了中华民族"民惟邦本"的文化理念。这种"民惟邦本"理念成为古代善于治国理政者的共同政治主张，并对当前中国特色社会主义发展和中华民族伟大复兴具有重要的现实指导意义。新时代新征程上，中国共产党承续"民为邦本"的优秀传统文化理念，立党为公、执政为民，坚持以人民为中心的发展思想，努力推动14亿多人口实现全面发展、整体迈入现代化社会，让现代化建设成果更多更公平地惠及全体人民。

（二）"天下大同"的文化基因

全体人民共同富裕的现代化是中国式现代化的重要特征和本质要求，也是社会主义的本质要求，与西方的资本主义现代化有着根本的区别。在完成脱贫攻坚、全面建成小康社会的基础上，中国推动14亿

---

① 习近平：《习近平著作选读》（第二卷），人民出版社，2023。

多人口整体迈入现代化社会，进而实现全体人民共同富裕，凸显了发展为了人民、发展依靠人民、发展成果由人民共享的理念，不仅是"民惟邦本"文化理念的生动反映，同时也蕴含着"天下大同"的中华优秀传统文化基因，体现了中华民族千百年来对富国富民、实现美好生活的共同期盼。

《礼记·礼运》记载的"大道之行也，天下为公"，及其所勾勒的"小康"和"大同"两种社会状态，是中华民族孜孜以求的富足充裕社会生活的映照。其中，"老有所终，壮有所用，幼有所长，矜寡孤独废疾者皆有所养，男有分，女有归"的"大同"社会，就是充分展现了国家的全体人民，无论男女老少都富足安定、祥和美满的生活景象。再如"凡治国之道，必先富民"（《管子·治国》）、"下贫则上贫，下富则上富"（《荀子·富国》）等，都揭示了国家要富强必须要先让人民过上充裕富足生活的道理。这种对"天下大同"的追求，是中华民族数千年来的共同心愿，成为中国式现代化实现全体人民共同富裕的重要文化基因。新时代新征程上，中国共产党将"天下大同"的文化基因融入社会主义现代化国家建设中，在发展中保障和改善民生，着力解决好人民群众急难愁盼问题，健全基本公共服务体系，提高公共服务水平，增强均衡性和可及性，扎实推进共同富裕，不断增进民生福祉。

（三）"中庸之道"的文化思维

物质文明和精神文明相协调的现代化是中国式现代化的鲜明特征，也是推进中华民族伟大复兴的题中应有之义。习近平总书记强调："实现中华民族伟大复兴的中国梦，物质财富要极大丰富，精神财富也要极大丰富。"[①] 人无精神则不立，国无精神则不强。中国共产党领

---

① 习近平：《习近平谈治国理政》（第二卷），外文出版社，2017。

导人民在创造经济快速发展和社会长期稳定"两大奇迹"的过程中，既提高了全民物质生活水平，同时也深入推进社会主义文化的繁荣发展，不断满足人民群众日益增长的精神文化需求。这种既重视物质富裕又追求精神富足的辩证统一关系，不仅反映了中华民族对人的精神世界的高度关注，而且深度契合了中华民族内在的"中庸之道"。

《礼记·中庸》提出"中也者，天下之大本也；和也者，天下之达道也。致中和，天地位焉，万物育焉"的思想，认为"中"是天地万物运行的根本，"和"是人达到"中"这个根本的途径，若能够达到"中和"的境界，天地人之间的秩序就能建立，万物才能在其中生生不息。可以说，这种"中庸之道"实质上是中华民族文化思维中所建构的一种秩序，即在身与心、灵与肉之间追求一种动态平衡。因此，中国式现代化要求的物质文明和精神文明相协调，正是在物质富足和精神富有之间寻找平衡，达到推进社会主义现代化国家建设的最佳秩序，不断实现人的全面发展，充满着辩证转化的"中庸之道"传统文化智慧。新时代新征程上，中国共产党坚守"中庸之道"的优秀传统文化思维，推动物质文明与精神文明相互协调、社会经济发展与中华文化提升相互促进，从而在积累物质财富的同时，加快推进文化自信自强，增强实现中华民族伟大复兴的精神力量。

（四）"天人合一"的文化精神

人与自然和谐共生的现代化是中国式现代化的又一显著特征和本质要求，也是推动高质量发展、创造高品质生活的必然要求。在西方的现代化进程中，普遍存在"先污染后治理"的现象，这是以掠夺自然资源并牺牲生态环境为代价，换取一时的经济增长，导致了一系列生态环境问题的出现，如环境污染、能源短缺、气候变化、生态失衡等，进而严重阻碍了人类社会文明的发展。面对这些日益严峻的全球性生态环境问题，党的十八大以来，以习近平同志为核心的党中央深入推进生态文明建设，将其作为关系中华民族永续发展的千年大计，传承和发展中华优秀传统文化中的"天人合一"生态智慧，逐步构建起人与自然和谐共生的美丽中国。

绵延5000多年的中华文明孕育着丰富的传统生态文化精神，"天人合一"是其中最高的境界和追求。老子主张"道生一，一生二，二生三，三生万物"（《道德经》），认为万物源于自然之道，人天同源，人与自然相统一，包括人在内的天地万物是一个整体。庄子在此基础上提出"天地与我并生，而万物与我为一"（《庄子·齐物论》），认为天地万物与个体人是共生、同一的关系，人应该追求与自然的和谐相处，而不是与自然相向而行。汉代董仲舒继承发扬老庄思想，将天地人"三才"并立，兼以"天人相参"，提出"天人之际，合而为一"（《春秋繁露·深察名号》）的思想，确立了中华民族追求人与自然协调发展、共生共荣的最高生态标准。这种"天人合一"思想，是中华民族"生态文化范式的核心理念和基本精神，是区别于西方工业文明'天人对立'生态范式的根本特征"[1]，成为新时代生态文明建设的重要精神源泉。新时代新征程上，中国共产党秉承"天人合一"的文化精神和生态智慧，牢固树立和践行"绿水青山就是金山银山"的生态理念，站在人与自然和谐共生的高度谋划经济社会高质量发展，不断提高人民的生活品质，助力实现中华民族的永续发展。

（五）"协和万邦"的文化准则

走和平发展道路的现代化是中国式现代化的根本特征，在当今世界处于百年未有之大变局的背景下，有着重要的时代意涵与世界意

---

[1] 冯永昌：《中华传统文化中的生态文化范式与生态文明建设》，《天津市社会主义学院学报》2014年第1期。

义。习近平总书记强调："中国人民热爱和平、渴望和平，坚定不移走和平发展道路。"① 自古以来，讲求以和为贵的中华民族一直注重睦邻友好、与邻为善，以胸怀天下的气度与周边外族文明进行交流互鉴。如在2000多年前打通的丝绸之路，及其后衍生而出的海上丝绸之路，都积极地促进了东西方文明的交流，极大地影响了人类文明社会的发展进程，其中正是蕴含着中华文明"协和万邦"的大国相处之道，高度彰显了中华民族兼容并包的品性和开放豁达的胸襟。

《尚书·尧典》讲道："克明峻德，以亲九族。九族既睦，平章百姓。百姓昭明，协和万邦。"认为尧帝这位中华文明的先驱，是通过自己的大德，让家族和睦，并在此前提下协调其他家族和睦相处，达到社会和睦，再之后协调各个邦国利益关系，实现各个邦国和睦共处、合作共赢。这里的"协和万邦"思想，充分展现了中华民族一脉相承的与其他民族和谐相处的文化准则。它所凸显的是，中华民族历来是在维护本民族和其他民族的独立性、自主性的基础上，通过自我净化、自我完善、自我革新、自我提高，以强大的文化感召力和价值引导力感化其他民族和国家，达到求同存异、共生共长，而不是以武力、霸凌的手段压制、征服其他民族和国家，并最终指向各民族各国之间和衷共济、和平共处、互利共赢的价值目标。可以说，"协和万邦"的文化准则不仅是中华文明得以绵延繁荣的重要保障，而且也高度契合各国人民对美好世界的追求，是中华民族贡献给人类社会的宝贵精神财富，成为当今世界构建人类命运共同体的主要思想来源。新时代新征程上，中国共产党以"协和万邦"的大国相处之道应对百年未有之大变局，维护世界和平与发展，以开放包容的胸怀处理世界不同文明间的关系，强化与世界其他各国的文明交流互鉴，推动构建

---

① 习近平:《习近平谈治国理政》（第三卷），外文出版社，2020。

人类命运共同体，促进各国共同应对各种全球性挑战，实现人类社会的长久稳定和繁荣发展。

三 文化使命：中国式现代化开创人类文明新形态

中国共产党领导中国人民创造的中国式现代化，深深植根于中华优秀传统文化，充分彰显中国特色社会主义文化自信，为人类实现现代化提供了新的选择。同时，通过中国式现代化的实践，中国共产党也推动了中华优秀传统文化的创造性转化和创新性发展，将中华文明推上人类社会文明和世界历史发展的新高度，肩负起开创人类文明新形态的文化使命，致力于推动人类文明的发展与进步，最终实现对中华传统文明形态和当代资本主义文明形态的双重超越。

（一）焕发 21 世纪马克思主义生机活力

中国式现代化的成功创造，是马克思主义基本原理同中国具体实际相结合、同中华优秀传统文化相结合的重大理论成果，也是以习近平新时代中国特色社会主义思想为指导的伟大实践成果。习近平新时代中国特色社会主义思想深刻指导着中国特色社会主义现代化建设，创造了中国式现代化，也积极影响了世界社会主义运动和现代化进程，为人类文明新形态的创造提供思想指引。当前，中国处于"两个大局"的历史交汇点，"世界向何处去""中国向何处去"的问题，成为中国共产党必须面对和回答的中国之问、世界之问、人民之问、时代之问。

在新征程上，中国共产党准确把握时代大势、坚定站在世界历史发展进程的高度，深入推进中国式现代化，用鲜活丰富的中国实践推动马克思主义不断创新发展，使中国化时代化的马克思主义始终站在世界和时代思想的前沿，深度回应世界面临的新挑战和探索时代提出的新课题，成为人类认识世界、改造世界的强大精神力量。通过对中国式现代化开展持续深入的理论总结和积极的实践探索，中国共产党坚持解放思想、实事求是、守正创新，科学地回答了中国之问、世界之问、人民之问、时代之问，开辟了马克思主义中国化时代化的新境界。同时，中国式现代化的深入推进，还将凸显马克思主义学说在人类文明新形态中的思想价值，从而不断提升社会主义意识形态在世界的感召力，并扩大社会主义制度在国际的影响力，持续焕发21世纪马克思主义的生机和活力。

（二）激活中华优秀传统文化价值理念

根植于中华优秀传统文化的中国式现代化，蕴含着深邃的中华文明智慧，其中"民惟邦本"的文化理念、"天下大同"的文化基因、"中庸之道"的文化思维、"天人合一"的文化精神、"协和万邦"的文化准则等，为人类文明的进程提供强大精神支撑和文化动力，引领人类文明走向新形态。习近平总书记指出："中华优秀传统文化是中华文明的智慧结晶和精华所在，是中华民族的根和魂，是我们在世界文化激荡中站稳脚跟的根基。"[①] 中华优秀传统文化内蕴的思想观念、价值理念、道德规范和人文精神，与马克思主义的共产主义理想、辩证唯物主义思想等，在价值取向、理想模式上具有一定契合性，两者结合所开创的人类文明新形态，高扬的是全人类共同价值，将世界文化推向全新的历史高度。

文化的生命力在于传承，文明的感召力在于创新。习近平总书记强调："要推动中华文明创造性转化、创新性发展，激活其生命力，

[①] 《习近平在中共中央政治局第三十九次集体学习时强调 把中国文明历史研究引向深入 推动增强历史自觉坚定文化自信》，《人民日报》2022年5月29日。

让中华文明同各国人民创造的多彩文明一道，为人类提供正确精神指引。"[①] 中国式现代化要在坚持中华优秀传统文化与马克思主义基本原理相结合的基础上，积极吸收、借鉴一切人类文明的优秀成果，推动中华优秀传统文化创造性转化、创新性发展，充分激活中华民族历经几千年所创造并延续的价值理念，使中华文明在21世纪人类文明进程上再次迸发出强大的精神力量，不断展示中华民族的独特精神标识，更好地构筑起中国精神、中国价值、中国力量，让中华优秀传统文化的思想精华在人类社会文明中激荡出新的思想活力。

（三）促进人类文明持续发展进步

现代化是人类社会发展和人类文明进步的重要手段和主要形态，是世界各国人民的共同追求。然而，各国人民实现现代化的途径并非一成不变。习近平总书记指出："世界上既不存在定于一尊的现代化模式，也不存在放之四海而皆准的现代化标准。"[②] 中国式现代化是中国共产党带领中国人民经过百年探索，实践出来的具有显著中华文明内涵的现代化，破除了"现代化就是西方化"的认识误区，也避免了现代化对西方模式的路径依赖。中国式现代化"摒弃了西方以资本为中心的现代化、两极分化的现代化、物质主义膨胀的现代化、对外扩张掠夺的现代化老路"[③]，顺应了人类社会发展的规律，担负起推动人类文明进步的文化使命，为人类社会和人类文明迈向现代化提供了价值引领和路径选择。

中国式现代化要实现的是占世界近20%人口的大国的整体现代化，体现了中国共产党坚持以人民为中心的价值原则，把促进人的全

---

① 习近平：《习近平著作选读》（第一卷），人民出版社，2023。
② 习近平：《习近平著作选读》（第二卷），人民出版社，2023。
③ 陈金龙：《中国式现代化在理论和实践上的创新突破》，《人民日报》2022年8月24日。

面发展作为根本价值诉求。中国式现代化通过推进全体人民共同富裕，不断提升人民物质生活质量，并大力推动精神文化建设，实现物质文明与精神文明相协调，促进人的自由而全面发展，促进人类社会的发展和人类文明的进步。同时，中国式现代化倡导人与自然和谐共生，使中国坚定不移走生态优先、绿色发展文明发展之路，积极参与全球环境治理，努力实现人类与自然的永续和谐发展，建设美丽世界。此外，中国式现代化还致力于构建人类命运共同体，坚守和平、发展、公平、正义、民主、自由等全人类共同价值，促进不同文明交流互鉴，坚定维护世界和平与发展。习近平主席指出："中国始终是世界和平的建设者、全球发展的贡献者、国际秩序的维护者、公共产品的提供者，将继续以中国的新发展为世界提供新机遇。"[①] 中国式现代化通过走和平发展道路谋求中国的发展与强大，又通过中国的发展与强大推进人类和平与发展的崇高事业，更好地造福世界各国人民，实现人类文明的持续发展进步。

---

① 习近平：《习近平著作选读》（第二卷），人民出版社，2023。

文化的现象学分析*

李云飞**

摘　要：文化是人与世界相互构成的产物，它是人在其生活世界中构成的意义系统，作为构成活动，同时也塑造着人的人格和精神。作为一种解释结构，它策动和规定着我们对于现实世界和经验意义的真正把握。作为一种意义结构，文化为人对自身经验的反思和把握提供解释框架，并引导和规范人的思想和行为。作为人的全部生活的构造性基底，文化也是一种包括理解、解释、观念、价值、心理和情感等因素在内的意义整合系统。

关键词：文化；现象学；文化解释

不同的视角呈现不同的世界表象，因此，实存的世界可以有两种不同的理解方式：物的世界和意义的世界。一方面，世界被理解为对象在其中被给予的视域；另一方面，世界被理解为这些对象化（客观化）的组合。在第一种情况下，世界独立于主体而存在；在第二种情况下，世界相对于主体而存在。梅洛-庞蒂（Merleau-Ponty）认为：

---

* 本文是 2021 年度国家社科基金一般项目（21BZX017）和 2022 年度广东外语外贸大学引进人才科研启动项目（299-X5222134）的阶段性成果。

** 李云飞，哲学博士，广东外语外贸大学马克思主义学院教授，博士生导师。

"只是由于被我或一些像我一样的主体亲历，事物和世界才实存"。①这意味着，世界有一个主观规定的外衣。意义的世界是我们经验的世界，是由人的活动参与构成的世界，亦即通常所说的文化世界。在胡塞尔（Husserl）看来，文化世界是人的本质特征的体现，对于人来说，"本质上有一个文化世界作为具有自己的存在方式的生活世界与之对应；这个文化世界在每一个历史时代和人类文明中，都恰好是一种特殊的传统。"② 这就是为什么认识就是获得意义；认识世界，严格地说，不是认识事物，而是认识意义。

世界的文化性表明了人与世界之间相互依存，诚如梅洛-庞蒂所说："主体是在世的，而世界保持为'主观的'"。③ 人通过构成活动将自己投射于世界，世界在被构成活动中将自己投射于人；世界和人是相互构成的。如果没有人的存在，世界就没有意义；世界因为人的存在而充满了意义，充满了文化元素。因此，现实世界是一个文化的世界、人性化的世界。

一 文化的现实性

如何理解文化世界的现实性呢？为了理解文化的现实性，我们需要对"发现"现实性与"构成"现实性做出区分。虽然胡塞尔现象学告诉我们"让事物本身说话"，但是，当我们把世界看作一种意义的组合时，关于事物的真实看法的可能性就更成问题了，因为意义部分是被给予的东西，部分是由人构成的东西。

我们关于世界的知识，以及关于世界上任何对象的知识，都是透

---

① 〔法〕梅洛-庞蒂：《知觉现象学》，杨大春、张尧均、关群德译，商务印书馆，2021。
② 〔德〕胡塞尔：《欧洲科学的危机与超越论的现象学》，王炳文译，商务印书馆，2001。
③ 〔法〕梅洛-庞蒂：《知觉现象学》，杨大春、张尧均、关群德译，商务印书馆，2021。

视性（perspektiv）的知识。透视性的知识是尚未确定的知识，它处于持续开放的状态，可以不断地被充实。因此，我们关于世界的知识存在一个解释性的视域，也就是说，它本身包含着进一步说明和澄清的可能性，总是对认识的增长和科学的进步开放。正是在这个意义上，作为现实世界的构成要素，文化被理解为一种解释性的视角，就像皮科克（Peacock）所说的那样："文化是人们分有的意义。为了理解这种意义，有必要以他人的眼光来看待世界，以他人为参照系来理解我们个人的经验。"①

如果意义不存在，经验就只是一种单纯的"事实"，而不是知识。只有借助主体的意向操作，经验才能成为真正的知识。而知识本身就具有社会性和公共性的特征，对此，舍勒（Scheler）明确指出："社会以某种方式存在于每一个主体中。社会就像一种纽带，是人的本质成分。"② 从这个角度来看，就可以理解人为什么总是在用与自身的关系来评判事物，因为人与他人的关系原本就是他与自身关系的相关项。

至于对事实的描述，只要涉及对理想的评价和对照，就可以说是现实的。在文化的分析中，对事实的解释不仅为我们提供实质性的信息，而且为我们提供理解这种信息的视角。因此，在被给予的现实与解释性的意义之间存在一种协调性，因为解释性的意义充实的是处于理想的投射中的材料，即我们可能希望的东西。

文化解释为我们提供了一种关于事实的双重对照：现实的和理想的或可能的。人对现实的操作引发了材料与被给予材料的人之间的相关性现象。因此，人与现实的关系不是单纯地接受，而是希望改造现

---

① James L. Peacock, *El enfoque de la Antropologfa*, Barcelona: Herder, 1989.

② Max Scheler, *Esencia y Formas de la simpatfa*, Buenos Aires: Nova, 1962.

实、实现其理想。主体对于事实的操作是实现其隐含的、尚未表现出来的可能性。

主体与文化世界的这种动态关系不能仅仅被理解为一种主观的投射。正如贝罗（Bello）所言："现实和理想，因此，作为同一认知-评价的行为的两个不可分割的方面而显现出来，这不是主观的投射，而是对事实挑战的主观反应，对借这种行为将自己置于与世界动态关系中的人所受的刺激的主观反应"。① 因此，理解文化世界的可能性需要主体的反思干预。这种具有文化特征的批判态度，目的在于文化的建构，在于生命的自发性。

但是，当事实的现实性被等同于它的可能性时，就有可能只是被动地反映一种文化状况，忽略了批判的和反思的态度的可能性。而对文化的单纯被动描述就忽略了对隐含在意义中的事实的解释。

对事实的解释是由事实性和可能性之间的内在关联所保证的。对现实的彻底分析意味着要衡量事实所提供的可能性及其有效的替代方案，而不仅仅是描述它们。相反，对现实的反思性分析向我们揭示了事实的"意义"，这些事实通常是融入它们的物质状态的。

二 事实与理想

现象学是作为一种方法提出的，它既包含实证主义的观点，也包含唯心主义的观点。实证主义将一切知识都还原为事实，唯心主义则致力于纯粹理性地证明，而知识的问题既不在于将一切知识都还原为事实，也不在于它的纯粹理性的证明。因此，现象学方法不能仅

---

① Analecta Husserliana. *The Yearbook of Phenomenology of Man and of the Human Condition*, ed., Anna-Teresa Tymieniecka, D. Reidel Publishing Company, Dordrecht, Holland, 1983.

仅停留在对事实的纯粹描述上，就像人类学家那样，试图以公正的旁观者身份对待文化，将自己与自己的文化分开，以获得"纯粹的"客观性，或是为了"防止偏见"。这种对"客观性"的追求，竭力避免对所描述的事实进行解释，因为根据这种观点，一切解释都是主观的。

如果现象学区分了事实和理想，就可以避免将事物等同于简单的材料或"经验事实"。如果事物理想的和意义的层面得到强调，那么事实与文化意义之间的必然联系就会凸显出来，而这种必然联系则需要进一步的论证。

文化促使我们在具体的事实与理想之间进行对照，具体的事实召唤理想，并以某种方式趋向理想。由于自身隐含着各种可能性，文化事实不会完全实现，它们趋向更大的充实性："事实上，尊重现实性是理想性的最大驱动，这不是叠加，而是实现现实性中尚未明确的隐含可能性"。[1]

文化分析必须涵盖所有这些问题。遗忘或忽视事实与理想之间的这种对照，会使我们失落文化的真正意义。事实所拥有的意义充实了事实本身，正是由于意义的存在，才防止我们陷入实证主义或是对文化的单纯描述，或陷入无视物质对象本身的主观解释。"因此，实证主义模糊地维护了事实性，因为它在概括中实质上消除了事实性。同样含糊不清的是，唯心主义所说的理性解释不是对事实的解释，而是对事实的消除。换句话说，人们没有认识到，经验是作为在其事实性中同时被给予的东西被提供给我们的，而且这也是成问题的，它需要一种解释，而这种解释必须只是指出事实的意

---

[1] Angela Ales Bello, Life and Culture in the Analysis of the Relationship between Man and Nature, *Analecta Husserliana*, Vol. XIV.

义，而不是消除事实：即材料与解释、事实性与可能性是不可分离的关系项。"①

事实与理想之间的这种关系就是经验与意义之间的关系。在这种关系中，事物要获得意义，就必须有主体的存在。一方面要保持存在的现实性；另一方面要维持其实现的可能性。但是，为了建立这样一种关系，就有必要转向事实和理想之间的区分，将具体的和偶然的东西与它所趋向，却又不能完全实现的理想相对照。也就是说，事实不能被还原为纯粹的事实性，不能被还原为一次性地被给予的东西；相反，它们趋向于实现其潜能性。以此方式，经验性的唯一性与普遍的可能性的一致性就得以保持："这意味着，与可能性一致的普遍性领域总是与唯一的和经验性的存在者有关"。②

只有基于这种理解，才能实现对文化的真正认识，因为这样才能保持文化中相互包含的两个因素之间的平衡：个人产品和文化产品。文化产品具有一种精神意义，即它的含义。这种精神意义渗透进物质对象，赋予它生命，给予它意义，并将其与理想联系起来。因此，文化是个人自身反思的要素，它允许通过文化产品及其意义与他人进行交流；而对文化的恰当理解首先意味着要考虑到事实与理想之间的关系，并领会文化的意指性意义。这种意指性意义为通过其精神产品与他人建立联系提供了可能性。最终，文化要素间接地表现为人类自身反思的意识。

三 文化解释与意义整合

如果像马克斯·韦伯说的那样，人是缠身于自己编织的意义之网

---

① Angela Ales Bello, Culture and Utopia in the Phenomenological Perspective, *Analecta Husserliana*, Vol. V.
② Angela Ales Bello, Culture and Utopia in the Phenomenological Perspective, *Analecta Husserliana*, Vol. V.

上的动物，文化就是这张意义之网。因此，文化分析主要表现为一种意义的解释。

文化是人在其生活世界中构成的意义系统，在此构成活动，文化同时也塑造着人的人格和精神。文化是历史地被创立、改变、传承和发展着的意义系统。我们的思想、价值观念、风俗习惯、行为方式、个人情感和社会情绪等，所有这一切都是文化的产物。也就是说，文化赋予我们的生活以形式、秩序、目的和意义。诚如胡塞尔所言："整个文化的现在暗含着一种彼此相互关联的过去的连续性，每一个过去本身都是一种过去了的文化的当下。这整个的连续性是一种延续至当下（这个现今是我们的当下）的传统的统一性，并且是作为将自己本身以流动—持存的生动性传统化的过程。"① 在他看来，作为传统，文化"具有一种原理性的结构，并且是从已经表明的东西出发可以进行更为广泛的解释的结构，这种结构也奠定并'包含'对于实际的具体的事实的任何探求与规定的可能性。"② 这表明，文化给予我们的不只是一种行动的向导，更告诉我们在具体的历史情境中应当如何行动以及期望别人如何行动。作为一种解释结构，它策动和规定着我们对于现实世界和经验意义的真正把握。

对于个人和社会来说，文化首先表现为一种引导性和规范性。正是借助文化的引导和规范，人才能适应自然和社会的环境，并能在自己生存环境的改变中采取适应性的应对策略，同时将这种从历史性经验中习得的观念和知识传承给新的世代。作为一种生活方式，文化维系人的生活，并通过社会化世代延续和发展。作为一种意义结构，文化为人对自身经验的反思和把握提供解释框架，并引导和规范人的思

---

① 〔德〕胡塞尔：《欧洲科学的危机与超越论的现象学》，王炳文译，商务印书馆，2001。
② 〔德〕胡塞尔：《欧洲科学的危机与超越论的现象学》，王炳文译，商务印书馆，2001。

想和行为。

文化的引导性和规范性的功能，例如，习惯和伦理等，并不是它的全部。作为人的全部生活的构造性基底，文化也是一种包括理解、解释、观念、价值、心理和情感等因素在内的意义整合系统，在其历史发展进程中呈现多种多样的文化和形态。例如，古代的巫术、原始宗教和占星术，近代的科学、哲学和文学艺术，现代的政治、法律和国家制度，等等。所有这一切都是文化的元素，它们是不同时代、不同文化形态中的人用于处理人与自然、人与社会之间关系的技艺和手段。正是通过这些各具典型特征的解释性构架，不同时代、不同文化形态中的人将信念、意志、情感、意义和目的烙印在自己的生命之中。

作为一种解释结构，文化的整合意味着，文化的不同部分相互调适、彼此蕴涵，共同形成一个内洽和融贯的生命意义的赋予方式，它为社会共同体的建立提供了精神支撑，而这同时意味着从外部进入一个共同体的新东西必须被重新解释，被重新赋义，以达成文化意义间的视域融合。因此，文化的整合就涉及不同的意义元素之间调适和融贯的程度问题。在日常生活中，我们谈论审美文化、饮食文化、休闲文化、旅游文化、政治文化等，这种谈论总是以一个共同的生活世界为背景，并从生活的共同元素中去确认各种文化的意义。因此，文化最终呈现为一种背景视域，人的行为、社会实践、政治制度、历史进程等一切社会现象都可以在其中得到描述和理解。一种好的解释总会借助文化的索引把我们带入事物的本质深处。

包容互鉴的文化共同体观念及其国际法内涵[*]

王君洁[**]

摘　要：包容互鉴的文化共同体观念是中国创见性提出的国际法发展之观点，是构建人类命运共同体观念的文化维度，具有极强的理论研究价值。包容互鉴的文化共同体观念有其深刻的思想渊源，从文化自身属性、中西方传统文化和国际法传统思想等角度出发，能够探索出其理论沉淀和价值基础。该观念的国际法内涵可以归纳为人类共同利益原则、惠及来源国原则、国际合作原则、尊重文化多样性原则、继承与发展原则五大原则，它对于作为西方文化范式问题的解决方案、国际法治完善的中国指南等具有双重的国际法意义。

关键词：人类命运共同体；国际法；文化共同体

2022年10月，党的二十大报告指出，要"以海纳百川的宽阔胸

---

[*]　本文是国家社会科学重大项目"构建人类命运共同体国际法治创新研究"（18ZDA153）和国家社会科学基金重点项目"人类命运共同体国际法理论与实践研究"（18AFX025）的阶段性成果。

[**]　王君洁，复旦大学法学院。

襟借鉴吸收人类一切优秀文明成果",积极解决人类面对的共同问题,要在深化文明交流互鉴中,推动中华文化更好地走向世界。早在2014年3月27日,习近平主席在巴黎联合国教科文总部发表演讲时已界定了世界文明的三个特征,并在此基础上强调文明交流互鉴的重要意义。2014年9月25日,习近平主席在国际学术研讨会上发表演讲,进一步指出了对待世界文明的四项原则。① 2019年5月15日,习近平主席在亚洲文明对话大会上强调,"文明因多样而交流,因交流而互鉴,因互鉴而发展",着眼于亚洲近邻国家之间的文明交流,丰富了包容互鉴的文化共同体观念。在世界百年未有之大变局正在加速演进的今天,更应推动文明交流互鉴,消除隔阂、偏见、仇视,促进人类社会进步,并为共同应对全球性挑战提供强大的精神力量。②

包容互鉴的文化共同体观念是在人类命运共同体理论的指导下,以包容互鉴为核心,以维护人类共同利益、国际合作、尊重文化多样性、惠及来源国、继承与发展等原则为内容的国际法发展观念。它既是人类命运共同体理论在文化方面的创新性、凝练性表达,也是未来国际文化法律制度发展和建设所不可或缺的指导思想。在当今时代,"没有哪个国家能够独自应对人类面临的各种挑战,也没有哪个国家能够退回到自我封闭的孤岛"。③ 中国一直坚持多元价值,积极融入国际法治,尊重各国文明,而包容互鉴的文化共同体观念正是上述实践的思想凝练和精神根基。

本文将从包容互鉴的文化共同体观念的思想溯源出发,探析其价

---

① 习近平:《在纪念孔子诞辰2565周年国际学术研讨会暨国际儒学联合会第五届会员大会开幕会上的讲话》,《人民日报》2014年9月25日。
② 和音:《推动树立平等、互鉴、对话、包容的文明观》,《人民日报》2022年10月22日。
③ 杨洁篪:《推动构建人类命运共同体》,《人民日报》2017年11月22日。

值基础、国际法渊源及蕴含的国际法原则和内涵,分析这一观念对国际文化法律制度发展的积极意义,以利于和平、安全、有序、和谐国际社会的构建。

一 包容互鉴的文化共同体观念的渊源与内涵

文化的概念本身便天然蕴含着包容的特征,中西方传统文化及国际法理论思想中也存在诸多对人类共同利益和包容发展的论述。这表明,虽然不同国家或者地区在经济发展水平、文化表现形式上存在多元化的状态,但其具备的最基本的和平、包容、休戚与共等价值内核与取向仍趋于一致。包容互鉴的文化共同体观念具备深厚的价值基础和理论渊源,既点明了人类终极的目标追求,也指出了国际文化法律制度的发展目标。

(一) 包容互鉴的文化共同体观念的思想溯源

1. 文化本身天然蕴含的包容属性

追溯文化的定义及其本质,我们会发现它本身天然地具有包容和和平特性。1871年,泰勒将现代文化定义为"包括知识、信仰、艺术、法律、道德、风俗以及作为一个社会成员所获得的能力与习惯的复杂整体"。[①] 泰勒认为,文化是一个整体性的概念,其本质是人类的社会群体精神,这一从人类整体精神文明的角度作出的经典定义对文化学研究产生了深刻影响。此后,美国文化学家克鲁伯和克拉克洪收集了来自多个领域的著名学者分别作出的上百种文化概念界定,进行分类综合研究后,他们将文化定义为一种通过符号进行传递的行为模

---

① 〔英〕爱德华·泰勒:《原始文化》,连树声译,上海文艺出版社,1992。

式的总和,"涵盖人群独特的成就,包括在器物上的体现"。[①] 1982 年在墨西哥举办的世界文化政策大会上,诞生了一个新的文化维度。除了传统的美学范畴和物质文化遗产之外,联合国教科文组织将人的基本权利、价值体系、传统和信仰体系也纳入文化范畴。[②] 文化是"一个社会或团体的精神、物质、知识、情感的所有特色的总和,除艺术与文学之外,还涵盖生活方式、人权、价值、传统和信仰"。[③]

不同学者所作出的文化定义之间存在的差异主要体现在对于文化外延的表述上。但更为显著的是,即便来自多元的学科领域和民族背景,他们仍对于文化本质具有共同的认知,即文化是人类群体活动和进步的记载。基于这一本质,人类不仅仅具有享受文化产品和服务的权利,更具有选择一种完整的、令人满意的、有价值的、珍贵的群体生活方式的权利,这种生活方式能够促进个人融入社会体系,使得人类整体趋于文明、和平、安全与和谐。由此可见,文化自身的特有属性决定了其天然蕴含着与人类整体的发展密不可分的包容属性。正如《我们创造力的多样性》中所坚持的,发展必须依托于人类的文化背景[④]。包容的文化与人类整体的发展,自始至终是两相一致的。

2. 中西方传统文化提供的价值基础

中西方文化,抑或人类不同族群的文化,虽有各自的表现形式和传统脉络,但是细究之,均有一致的价值取向和精神内涵。自古以来,包容互鉴就是中华民族的精神基因。中国传统文化中主张

[①] A. L. Kroeber, Clyde Kluck-hohn. *Culture: A Critical Review of Concepts and Definition*. New York: Kraus Peprint Co. 1952.

[②] 〔墨〕豪尔赫·A. 桑切斯·科尔德罗:《文化遗产:文化与法律文集》,常世儒等译,文物出版社,2014。

[③] Schafer. Culture: *Beacon of the Future*, Twickenham: Adamantine Press, 1998.

[④] UNESCO. Our Creative Diversity: Report of the World Commission on Culture and Development. 1998.

"和而不同",《论语》中有"礼之用,和为贵",《礼记》中有"万物相生而不相害,道并行而不相悖"。孔子说:"君子和而不同,小人同而不和",更进一步地强调在"和"的前提和基础上保持各个主体的独特性,并在差异之中寻求和谐共处之道。① 南怀瑾先生在《论语别裁》中认为:"和而不同,就是自己要有中心的思想,能够调和左右矛盾的意见"。② 同时,中华文化推崇"己所不欲、勿施于人"和"己欲立而立人、己欲达而达人"的处世之道。

自古希腊哲学起,西方文化中便出现了对人类命运交相联系的理论阐述。柏拉图认为,个体是维系于社会本体之上的,社会中的每一个成员都必须各司其职,③ 亚里士多德也认可优良的城邦政治是实现人类幸福的保障。④ 斯多葛派学者创立了一种以自然法的普遍性为基础的世界主义哲学,并期待建立所有人都在理性指引下和谐共处的世界国家。⑤ 芝诺指出,世界上所有的居民应当共同生活于一个理想城邦或共同体,尽管他们遵循着各有差异的道德法则。⑥ 深受斯多葛派学者的影响,西塞罗也认为,人类具有集体的共同智识,这种正义感是人类集体幸福的必要条件。⑦ 上述哲学家们初步探索了人作为整体的共同利益,尝试通过共同体的方式追求集体幸福,而此后,国家和

---

① 杨伯峻:《论语译注》,中华书局,1980。
② 南怀瑾:《论语别裁》,复旦大学出版社,2010。
③ 〔美〕E. 博登海默:《法理学:法律哲学与法律方法》,邓正来译,中国政法大学出版社,2017。
④ 〔美〕E. 博登海默:《法理学:法律哲学与法律方法》,邓正来译,中国政法大学出版社,2017。
⑤ 〔美〕E. 博登海默:《法理学:法律哲学与法律方法》,邓正来译,中国政法大学出版社,2017。
⑥ Heater D. Origins of Cosmopolitanism Ideas. *Gerald Delanty*, *David inglis*. *Cosmopolitanism* London, New York: Routled, 2011.
⑦ Heater D. Origins of Cosmopolitanism Ideas. *Gerald Delanty*, *David inglis*. *Cosmopolitanism* London, New York: Routled, 2011.

法律也开始融入西方文化对于人类共同命运的探讨之中。其中，黑格尔在论及国家的合理性时提出，国家的本质是民族精神和社会伦理的整体体现，个体融合在其国家和时代的整体文化之中。① 萨维尼则谈及法律的本质，他认为，法律深植于"民族的共同意识"，是民族共同信念的最真实表示，也是整个民族生活中的一种功能。② 罗尔斯③、以赛亚柏林④分别以"万民法思想"和"价值多元论"强调人类社会之多样性和人类互惠准则。由此可见，西方文化与中国文化在某些方面是相似的，中国传统文化往往从个人的交往衍发，抽象出"和而不同"、包容互鉴的相处之道，而西方传统哲学思想则将人类作为共同体，探索追求共同利益的途径与方式。前者更为微观，后者更为宏观，但本质上，它们都是包容互鉴的文化共同体观念的雏形与渊源，彰显和平、和谐、包容互鉴的人类共同价值属性。

3. 国际法思想提供的理论渊源

与中西方精神价值同样，国际法传统思想也为包容互鉴的文化共同体提供了理论上的支持。古罗马法学家盖尤斯在《法学阶梯》中便论述道，自然理性是全人类平等遵守的，"它被称为万民法（jus gentium），因为它是万国适用的法律"。⑤ 尽管万民法仅仅是与罗马有交往的异国法律制度的共有成分，但它已反映了国际法与人类共同利益的关系雏形。在《战争与和平法》中，格劳秀斯认为国际法是谋取各国共同利益的法。他谈道："正像每个国家的法律都是基于各自国家的利益（而制定）一样，故通过相互之间的同意，形成源自所有国

---

① Hegel. *Lectures on The philosophy of History* London: G. Bell and Sons, 1890.
② Savigny. *Of the Vocation of Our Age for Legislation and Jurisprudence* London: Littlewood, 1831.
③ 〔美〕约翰·罗尔斯：《万民法》，张晓辉等译，吉林人民出版社，2001。
④ 马德普：《历史唯物主义对伯林价值多元论的破解》，《中国社会科学》2013年第11期。
⑤ 〔美〕E. 博登海默：《法理学：法律哲学与法律方法》，邓正来译，中国政法大学出版社，2017。

家或相当多数的国家之间的相互同意的法律,已经成为可能;显然,因此而形成的法律也是源于利益,不过,它不是特定国家的,而是由各个国家所构成的庞大社会的(共同)利益;这一法律被称为国际法"。① 从国际法的形成与起源来看,自然法观中的理性要素及基督文明对其的影响可见一斑。例如,西塞罗认为,上帝是人类"共同的主人和统治者",因为它是正当理性这一法律的"制定者、颁布者和执行法官"。② 由此可见,基督教文明极大地影响了近现代国际法的形成与发展,③ 而基督教文明本身也无疑与其他文明存在着互动共生的融合关系。在10~12世纪的开罗,穆斯林、基督教徒和犹太人三个利益群体在商贸、艺术、语言层面都存在着交流互鉴和和睦互动,④ 这是格劳秀斯所言的国际法起源中的社会共同利益在文明沟通维度上的高度体现。格劳秀斯的论述,不仅从国际法定义的角度阐明了利益共通、包容互鉴对于国际法的重要价值,而且为"包容互鉴论"提供了理论渊源。⑤

在《法理学:法律哲学与法律方法》序言中,博登海默指出,法律制度必须关注自由、安全和平等的基本价值,公共利益的观念植根于人性的共有成分之中。因此,国际法的发展方向是经济的繁荣、文化的发展与世界的和平。为了实现这一目标主旨,各国政府和人民需要在重大问题上达成共识,共同协调个人利益、国家利益和全人类的共同利益,以消灭现在"烦扰国家间关系的两极分化问题""全力促

---

① Hugo Grotius. De Jure Belli AC Pacis Libri Tres: *New York*: *William S. Hein & Co*, Inc. Buffalo, 1995.
② 〔美〕E. 博登海默:《法理学:法律哲学与法律方法》,邓正来译,中国政法大学出版社,2017.
③ 钟继军:《基督教与近现代国际法观念》,《法学评论》2009年第6期。
④ 何美兰:《多元文明的互动与共生:969—1171年的开罗》,首都师范大学博士学位论文,2012。
⑤ 本书编写组编《西方法律思想史资料选编》,北京大学出版社,1983。

进经济繁荣、文化发展和世界和平"①。这诚然是一种趋近完美的期待和希望，但它充分显示着国际法之包容互鉴的主旨，同样为"包容互鉴论"提供了理论支持。

德国哲学家康德则主张以法律创造"永久和平"的理想状态，指出各国语言、文化、宗教的差异并不必然要服从于同一种专制，而是可能指向"对和平的谅解"②。在此基础上，他提出了六项临时条款和三项确定条款，意欲以法权实现永久和平。"世界公民法权应当被限制在普遍友善的条件上"③，全世界应当形成和平友好的国际社会，成立"自由国家联盟"，以走出自然的战争状态，保障永久和平。④ 这一思想是现代西方和平思想中的重要论述，⑤ 对后续的学者在和平论题上的讨论产生了重要的影响。罗尔斯在《万民法》中承认，他的观念受到了康德"永久和平论"的影响，并对于旨在实现和平目标的国际契约提出八大原则。⑥ 哈贝马斯则发展了康德的"自由国家联盟"概念⑦，强调以包容和广泛约束为宗旨制度化世界公民权利。康德的"永久和平论"为包容互鉴、求同存异提供了国际法上的理论基础。既然国际法之诞生本身就蕴含了实现永久和平的终极目的，包容、友善、谅解自当在现代国际法中得以发展。

路易斯·亨金针对国际法的发展历程指出，国际社会的发展分为

---

① 〔美〕E.博登海默：《法理学：法律哲学与法律方法》，邓正来译，中国政法大学出版社，2017。

② Immanuel Kant. *Toward Perpetual Peace and Other Writings on Politics*, *Peace and History*, Yale University Press, 2006.

③ 〔德〕李秋零主编《康德著作全集》（第8卷），中国人民大学出版社，2007。

④ 〔德〕李秋零主编《康德著作全集》（第8卷），中国人民大学出版社，2007。

⑤ 丛占修：《人类命运共同体：历史、现实与意蕴》，《理论与改革》2016年第3期。

⑥ 〔美〕约翰·罗尔斯：《万民法》，张晓辉译，吉林人民出版社，2001。

⑦ 〔德〕尤尔根·哈贝马斯：《包容他者》，曹卫东译，上海人民出版社，2002。

三个阶段，分别是武力、外交、法律，① 而国际法的出现正是交往中的开放包容、文明互鉴在更高维度上的体现。各国遵守国际法的根本原因并非畏惧制裁，而是为了实现有序的友善关系、互惠待遇。② 趋势表明，相对于业已受益的发达国家，第三世界国家往往是国际法稳定秩序的积极构建者，近年来，是它们持续推进国际法中互惠待遇的实践，③ 这无疑佐证着"包容互鉴论"在国际法发展方向上的前瞻性。

综合而言，追溯包容互鉴的文化共同体观念之思想源泉，我们可以在文化的基本概念和属性、中西方文化共同的价值基础和国际法传统思想理论中发现诸多与之相切合的论证。无论是格劳秀斯、博登海默、康德还是路易斯·亨金，其对于国际法的起源与性质的主要观点均与包容互鉴的文化共同体观念不谋而合。一方面，国际法在起源与发展过程中不断融合着多元的文化要素；另一方面，国际法自诞生起便是各国进行和平与互惠外交的重要工具。包容互鉴的文化共同体观念不仅见诸以上学者的国际法思想，而且在中西方传统文化价值及文化学研究中均有迹可循，可见具备极为深厚的思想根基。

二 包容互鉴的文化共同体观念的国际法内涵

包容互鉴的共同体观念，是在习近平总书记人类命运共同体基本理论的基础之上，以包容互鉴为核心，以维护人类共同利益、国际合作、尊重文化多样性、惠及来源国、继承与发展等原则为内容的国际法发展观念。它既是人类命运共同体理论在国际法方面的创新性、凝

---

① Louis Henkin. How Nations Behave: *Law and Foreign Policy*, Columbia University Press, 1979.
② Louis Henkin. How Nations Behave: *Law and Foreign Policy*, Columbia University Press, 1979.
③ Louis Henkin. How Nations Behave: *Michigan Law Review*, 1980.

练性表达，也是未来国际法律制度发展和建设所不可或缺的指导思想。包容互鉴的共同体观念意涵有二。其一，人类是一个共同体，有着共同的发展目标和利益。其二，在这一共同体的内部，各个文明与民族之间存在着和谐尊重、相互扶持并相互学习借鉴的友好关系。诸多具有影响力的国际法文件中均体现着与上述两条原则相吻合的思想。针对"共同体"，格劳秀斯在其国际法定义中就提出，国际法是谋求各国共同利益的法。

在中西方传统价值取向与国际法思想理论的基础之上，包容互鉴的文化共同体观念提炼、传达着一系列国际法内涵。从国际法的视角来看，这一观念阐发了人类共同利益原则、国际合作原则、尊重文化多样性原则、惠及来源国原则、继承与发展原则等国际法原则。

1. 人类共同利益原则

人类共同利益的最初概念可以追溯至罗马法中将天空、海洋等物归入大众共有物的规定，这一概念后来应用于外空法、海洋法，并逐渐拓展到文化领域。1954年《海牙公约》、1972年《世界遗产公约》便涉及"全人类的文化财产"的表述，2001年《保护水下文化遗产公约》也强调，水下文化遗产是全人类的共同遗产，各国在进行利益衡量时，必须从全人类利益的角度出发，而非仅仅考虑该遗产对于本民族的价值。包容互鉴的文化共同体观念中包含着维护人类共同利益的内涵。正如习近平主席所强调的，"文明因交流而多彩，文明因互鉴而丰富。文明交流互鉴，是推动人类文明进步和世界和平发展的重要动力"[1]。如今的世界有2500多个民族和6000多种语言，这足以证明人类文明体系之丰富，而正是多彩的文明体系构成了人

---

[1] 新华网：《在文明交流互鉴中推进中华民族现代文明建设》，http://www.news.cn/politics/2023-09/22/c_1212272110.htm。

类共同的利益来源。包容互鉴的文化共同体从世界文化之多样性出发,对上述公约中有关人类共同利益的观念和原则进行了进一步的阐发。

2. 惠及来源国原则

如同每个人拥有保护其自身尊严的权利一样,各民族也通过国家拥有保护其民族认同的权利,而其中文化认同的保持,是保护公民认同理想的载体。① 在"西方中心主义"长期的话语权控制下,发展中国家、少数民族等的文化权利长期处于欠保护状态。因此,包容互鉴的文化共同体观念不可避免地包含着惠及来源国原则,它要求合理分配文化所产生的相关利益,对于开发者、传承者、具有紧密联系的权利人进行一定的优先权利保障,以激发文化保护的积极性、维护文化保护资源分配的均衡性。《联合国海洋法公约》第149条规定了来源国的优先权利。《保护水下文化遗产公约》提出了保护有文化、历史、考古联系的国家的特殊利益的原则。《保护非物质文化遗产公约》的序言中则强调,要在有关的权利个人及团体中公平、合理地分配相关利益。在文化财产返还方面,1863年《利伯守则》和1907年《海牙公约》等文件确定了掠夺文物的非正当性,如今,西方殖民国家在过去的许多掠夺物品、严重侵害来源国利益的行为,已被国际社会公认为是非正当行为。1970年《关于禁止和防止非法进出口文化财产和非法转让其所有权的方法的公约》确认了文化财产的"起源、历史和传统背景的知识"对于充分理解其价值的重要意义,指出文化财产的非法进出口是造成原主国文化遗产枯竭的重要原因。② 尽管许多条约采

---

① 波利·让-弗朗索瓦:《国家,民族和文化认同》,哈尔马丹出版社,2004。转引自〔墨〕豪尔赫·A.桑切斯·科尔德罗:《文化遗产:文化与法律文集》,常世儒译,文物出版社,2014。

② 中国国家文物局等:《国际文化遗产保护文件选编》,文物出版社,2007。

取国际主义的视角，将人类共同利益原则作为其发展基础，但它们还是在一定程度上平衡着来源国利益与国际利益，强调进行文化利益的合理分配，这也是包容互鉴的文化共同体观念的重要内涵之一。

3. 国际合作原则

包容互鉴的文化共同体观念指出，文明是包容的，因此需要进行文明的交流互鉴，进一步推动文明多彩、丰富。如习近平主席所强调，以任何单一文明支配世界的企图都只会以失败告终，能够实现文明更加繁荣的只有对文明的兼收并蓄。[①] 建立在此基础上的国际合作原则，既要求在世界文化法律制度的制定和实施方面，加强国家间的合作，促进国际援助的实施，也要求鼓励公众参与，提升公众的相关意识。在国际文化公约中，《保护与促进文化表现形式多样性公约》第二章、《保护非物质文化遗产公约》第十九条均遵循国际合作原则，《世界遗产公约》中则明文列出了开展国际援助工作的基本要求。1954年《海牙公约》第4条、第5条要求在武装冲突的情形下，各国采取合作措施，保护文化遗产。同时，《保护水下文化遗产公约》第二条也将公众参与作为一项一般原则。这些公约中的原则性规定正是包容互鉴的文化共同体观念的国际法内涵之阐释。

4. 尊重文化多样性原则

包容互鉴的文化共同体观念指出，文明是平等的，因此要尊重各国各民族文明。文明之间不存在孰优孰劣、孰高孰低，只是因不同的产生背景和发展历程而具备了不同的特色，只有在多样中彼此尊重、彼此借鉴、和谐共存，才能够实现人类文明的创造性发展。[②] 国际法

---

① 习近平：《弘扬和平共处五项原则，建设合作共赢美好世界——在和平共处五项原则发表60周年纪念大会上的讲话》，《人民日报》2014年6月29日。

② 习近平：《携手构建合作共赢新伙伴，同心打造人类命运共同体——在第七十届联合国大会一般性辩论时的讲话》，《人民日报》2014年6月29日。

中的许多文件都批驳了霸权主义与不平等掠夺。《联合国宪章》在序言中强调"彼此以善邻之道,和睦相处",并在第一条、第七十三条等条款中体现着文化包容性的原则,强调对不同制度、文化平等相待。《世界文化多样性宣言》《保护和促进文化表现形式多样性公约》指出,"文化多样性是交流、革新和创作的源泉"[①]。此外,2001年,联合国大会提出的《不同文明对话全球议程》强调各文明之间求同存异,通过文明间对话交流丰富和发展自身,协力保护人类共同遗产。[②]《国际法院规约》第9条也指出,法官全体应能代表世界各大文化各个主要法系、各个"文明类型",充分体现着国际法对不同文明形态的平等尊重。正如联合国教科文组织《我们创造力的多样性》中所述,对于文化应当秉持的观念并非"容忍",而是"尊重"。[③] 所谓"容忍",是指将他人的权利作为个人自由张扬的界限,例如德国联邦宪法第二条第一款提到"人人有自由发展其人格之权利,但以不侵害他人之权利或不违反宪政秩序或道德规范者为限",[④] 这是一种消极的界限规范。而"尊重"则在包容的维度上更进一步,意味着以更积极的心态拥抱乃至于陶醉文化中,这才是包容互鉴观念下文化多样性原则的意涵。包容互鉴的文化共同体观念与上述公约中尊重文化平等、多样的意图不谋而合,系统性地为尊重文化多样性之内涵奠定了理论基础。

5. 继承与发展原则

爱德华·希尔斯在界定"传统"时谈到,传统意指从过去绵延相

---

① 张乃根:《论国际法与国际秩序的"包容性"——基于〈联合国宪章〉的视角》,《暨南学报》(哲学社会科学版)2015年第9期。

② Assembly U G. Global Agenda for Dialogue among Civilizations. *Un General Assembly*, 2005 (1).

③ UNESCO. *Our Creative Diversity: Report of The World Commission on Culture and Development.* 1998.

④ 〔德〕克里斯托夫·默勒斯:《德国基本法:历史与内容》,赵真译,中国法制出版社,2014。

传至今的东西。由此看来,传统文化是连接文明的历史与未来的桥梁。[1] 包容互鉴的文化共同体观念强调,正确对待世界文明,不仅要在横向上科学处理各文明体系之间的关系,也要在纵向上梳理传统文化与现今文化的关系,在创新中谋求发展。习近平总书记在谈及考古工作时强调,考古发现展示了文明起源和发展的脉络,"增强了历史信度,丰富了历史内涵,活化了历史场景";在亚洲文明对话大会上,他也提出"坚持与时俱进、创新发展"是文明交流的应有路径之一。由此可见,包容互鉴的文化共同体观念蕴含着正确对待传统文化,在继承中谋求创新发展的原则内涵。

三 包容互鉴的文化共同体观念在国际法发展中的体现

一般来说,国际法作为国家之间的法律,是国家在它们彼此往来中有法律拘束力的规则的总体,是以《威斯特伐利亚和约》所确立的主权国家为标志的。该和约作为欧洲中世纪与近代之交的第一个国际性条约,不仅确立了国际法基本原则,如国家主权平等、领土神圣不容侵犯、不干涉内政等,而且这些原则也被视为现代国际关系的基本原则或构成性规则。其中,就世界各主要文明对国际法所做的贡献来看,主要涉及对国际法所涉基本概念的确立和推动、对国际法调整范围的扩大以及对国际法基本原则的继承和发展。

在西方中心主义视角下,国际法常被视为基督教国家文明之产物。古代国际法被认为萌芽于早期欧洲的宗教印迹下的古希腊文明与希伯来文明,近代国际法则植根于威斯特伐利亚体系与欧洲大陆的主权国家。有观点认为,丁韪良译《万国公法》时,国际法著述才首次

---

[1] 〔美〕爱德华·希尔斯:《论传统》,傅铿、吕乐译,上海人民出版社,2009。

被完整引入中国。然而，这种以西方为中心的国际法历史性定义，是否为其他文明对国际规则的后期介入与参与的自信心与主动性蒙上了一层阴影，是十分值得深思的。一项制度的内在逻辑与历史起源对于其理解当代走向和发展主旨有着重要作用，然而，在这种西方中心主义的话语体系影响下，中国、印度、非洲等国家或地区，长期沦为国际规则制度边缘的旁观者，并基于这种历史残留的文化语境中的边缘人身份，难以将自己鲜活的规则话语体系纳入国际法平台上的讨论之中。尽管各国宗教、语言、价值观与社会传统存在差异，但世界各种文明都以其各异的形式对现代国际法作出了贡献，为以《联合国宪章》为核心的国际法律体系奠定了基础性框架。在法治全球化持续发展的今天，包容互鉴的文化共同体观念更要求在国际法概念、原则或规则创新中突破传统的西方中心主义，在文明互鉴的过程中实现国际法治现代化，获取世界人民的共鸣与合作。人类文明中的各国法律文明，例如东方儒家法律文明中的和谐观念、伊斯兰文明中的产权利益分享机制、印度文明的灵活和多元渊源体系以及非洲文明中的交往规则，都能够为国际法体系贡献智慧方案。包容互鉴的文化共同体观念在国际法发展中的体现，对于理论阐发和实践应用十分迫切。在文明一元与西方中心基础上建立起的现有国际法机制难以应对日益突出的具备整体性特征的全球性挑战，单边主义与一元论不能有效解决全球气候保护、卫生危机、贸易争端等国际法领域的矛盾，国际法需要尤以包容互鉴与命运共同体为代表的新的文明血液。

就中国古代文明而言，早在春秋战国时期，各诸侯国之间已然存在处理邦交关系的盟约和惯例，与现代国际法中的条约、习惯法较为相似。丁韪良在《中国古世公法略论》中有论述："今试读春秋战国之史，纵不得竟谓之公法，然其迹有不可泯者；不见夫同文同伦同教之数十国，有交际通商之政乎？不见其遗使往来，有宾客宴享之仪乎？

不见其会盟立约，藏之盟府以为信乎？不见其寓均势之法于纵衡之中，以御强而保弱乎？不见其约法相循，俨然有局外权利之守乎？不见夫谋之士，专事揣摩，以与人家国乎。"主权国家之间的外交准则绝非与国际法精神和观念毫无关联，"国无邦交则已，有邦交则不能无公法，其势然也。"就印度和非洲文明而言，关于战争与和平的外交准则也已然存在。部落国家为了处理彼此之间关系，形成了一系列规则，包含主权、条约、使节、交战法规等，并与国际法的精神与思想密不可分，下文将详细讨论印度文明、非洲文明与国际法发展的密切关系，为在包容互鉴的文化共同体观念基础之上突破西方中心主义，推动中国国际法规则制定方案发展提供启迪。

（一）印度文明对国际法的影响

1. 印度文明的基本属性

印度文明具有三个基本特征和属性。[①] 一是非暴力的观念和实践。甘地曾在非暴力不合作运动中通过消极抵抗的方式实践这种植根于印度教的"非暴力"（Ahimsa）观念和思想。二是世界主义的包容视野。印度梵文文化本身便是通过商人、文人、宗教人士进行传播的，整个流通过程中不具有"胁迫、拉拢、司法控制"甚至游说的现象，这也是亚洲地区文明的显著特征，与"文明冲突论"具有根本性的不同。[②] 在国际关系上，希腊哲学家就曾断言，外族人天生应当沦为希腊人的奴隶，[③] 而与之相反，印度文明极少对不同民族国家、宗教或文明进行区别对待。三是对精神价值的强调。印度文明与宗教交融发展，密不可分。在古印度文明中，用一种主张公平分配自然资源、以包容共通的文

[①] B. S. Chimni, Asian Civilizations and International Law: Some Reflections, (2011) 1: 1 AsianJIL 39.

[②] Sheldon Pollock, Cosmopolitan and Vernacular in History (2000) 12 Public Culture, 603.

[③] H. Wheaton, Elements of International Law: A Sketch Of The History Of The Science (1836) Carey, Lea &Blanchard Eds, 17.

化替代军事和政治征服的自然法则与道德价值。相较于对于实在法的强调，印度文明天然地与精神价值与道德、宗教观念相互交融。①

2. 印度文明中的国际法理论

印度的国际法理论可以追溯到古代。"Dharma"及有关的宗教原则是印度法律及文明传统的核心，这种源于印度教与佛教的交叉孕育的法律传统，对印度文明与国际法的交融影响深远，也深刻影响了第二次世界大战后期印度与中国共同商议和平共处五项原则的国际法实践。有学者认为，印度在国际法中所扮演的角色，可以从《吠陀经》(the Vedas)、《薄伽梵书》(the Bhagavad Gītā)、《摩奴经》(the Manu Samhita)和《政事论》(Arthashastra)中得到答案。

达摩（Dharma）是印度教宗教和古印度法律思想的核心概念。这个术语通常很难被翻译成西方语言，与西方对法律的理解很少有共通之处。"Dharma"源于"dhr"，即"持""含"（holding, containing），指的是"法"维护世界秩序的功能。如果一个人按照 Dharma 行事，这样的行为将有助于维护世界秩序和行动者的个人利益。反之，不遵守 Dharma 的行为，则会对宇宙和个人都施加破坏性的影响。② 在印度教的观念中，法律不是政治意愿的表达，而是某种永恒的事物，深深根植于宇宙秩序之中，因此，法律更多地与宗教思想而非世俗事务相联系。印度教的法律概念与中东宗教的法律概念（犹太、伊斯兰、波斯）有很大的不同，"Dharma"不能被简单地理解为好与坏，而是反映着超越现实社会实践的法律意义，既有宗教和法律的意义，又有道德的意义。这样一个复杂的概念在历史上经历了几个世纪的演变，其思想的核心起源可以在《吠陀经》（Vedas）中找到。《吠陀经》是印

---

① Prabhakar Singh, From Narcissistic Positive International Law to Universal Natural International Law: the Dialectics of Absentee Colonialism (2008) 15 AFR. J. INT'L & COMP. L., 72.

② Janos Jany, Legal traditions in Asia: History, Concepts and Laws (2020) Springer.

度教的圣书，在其核心理论中，rta（真理、秩序）作为一种客观的概念，维系着宏观世界与微观世界中生命的正常运行。法律是宇宙秩序的一部分，是一套规范人类行为的准则，人类行为应该与宇宙秩序和维护它的神的意志相一致。因此，尽管《吠陀经》本身的内容充满宗教性和仪式性，缺乏对权利义务和规范关系的阐释，但它仍然被作为印度文明中法律观念的起点，而 Dharma 则基于对《吠陀经》规范空白的填补需要而诞生。

古印度文明传统中的法律渊源非常多元。第一，天启书（Sruti）。印度立法的原则与宗教密切相关，天启书中就有古印度第一次战争"十王之战"（Battle of Ten Kings）进程中处理部族和组织关系的原则与规则记载。[1] 第二，传承（Smriti），这是一类源自《吠陀经》的印度教神圣文学，包含社会、家庭和宗教教义。随着雅利安人渗透到印度斯坦的心脏地带并逐渐奠定未来民族国家的基础，人们认识到对国际行为进行详尽地规范很有必要。因此，随着时间的推移，立法所涉范围日渐扩大，对《吠陀经》中不成文法律的解释也越来越多。Smriti 中便包含了关于战争、和平和外交规则的详尽信息。[2] 第三，史诗、往事书（puranas），其中展现了古印度传统历史中国家的实际行为，并证明了各国国际法典的存在和进步。其中著名的《火神往事书》（*Agni purana*）就包含了关于外交、战争间谍、武器的规范。[3] 第四，文学作品，这是世俗作家在各自时代对已经阐明的国际行为准则的描写。其中最为著名的作品是考蒂利亚（Kautilya）的《政事论》（*Arthashastra*），描绘了孔雀王朝前印度历史时期的政治和社会，记载了当时的作战工具和方法。此外，成员大会（Parishads）的决议也在

---

[1] S. V. Viswanatha, *International Law in Ancient India*, Longmans, Green & Co, 1925.

[2] S. V. Viswanatha, *International Law in Ancient India*, Longmans, Green & Co, 1925.

[3] S. V. Viswanatha, *International Law in Ancient India*, Longmans, Green & Co, 1925.

一定程度上反映了印度文明中的法律规范。①

3. 印度文明对国际法发展的影响

格劳秀斯在《战争与和平法》中将国际法表述为"不受同一国内法约束而生活的人民之间纷争与战争抑或和平时期有关",国际法旨在解决各国之间与战争或和平有关的争端,因而被称为战争与和平法。② 在自然法角度,国际法是"根据所有民族(国家),或许多民族的意志而具有义务约束力的法";在实在法意义上,"万国法或国际法是一个名称,用以指各国认为在它们彼此交往中有法律约束力的习惯和条约规则的总和",与前述的概念也高度相似。③ 印度文明对国际法的影响,主要体现为战争或和平时期与不同政治实体之间关系有关的原则和规范。

(1) 印度文明与平等原则

平等原则在传统国际法和现代国际法中都发挥着基石性的作用,王铁崖教授指出,这一原则是最重要的国际法基本原则,也是整个国际法所依据的基础。④ 1970年联合国大会通过的《国际法原则宣言》强调,各国不论经济、社会、政治或其他性质有何不同,"均有平等权利与责任",为国际社会中的平等成员。这一原则的含义包括,其一,各国法律地位平等;其二,每一国家均享有充分主权之固有权利;其三,每一国家均有尊重其他国家的义务;其四,国家的领土完整和政治独立不容侵犯。在平等原则的规制下,国家应当在享有充分主权权利的同时,平等尊重他国,不得采取不符合国际法的单边主义行为

---

① S. V. Viswanatha, *International Law in Ancient India*, Longmans, Green & Co, 1925.
② Hugo Grotius, On the Law of War and Peace: Three books (trans. By Francis W. Kelsey), Oxford: at the Clarendon Press 1925.
③ 〔英〕劳特派特修订《奥本海国际法》(上卷第一分册),王铁崖、陈体强译,商务印书馆,1972。
④ 王铁崖主编《国际法》,法律出版社,1995。

或践踏其他国家的主权和尊严。在古印度，无论是境内或境外发生的正义或非正义战争，无论是否为信徒，国家间的交战规则都平等、普遍地适用。① 古印度万国法概念的第一个基本特征，就是其不受宗教或文明限制的普遍适用性。② 在印度的现代国际法实践中，印度文明的平等、尊重主权与不干涉内政的国际法理论和精神也尽数体现。1955年，印度总理尼赫鲁强调，无论是否同意他国政策，印度都将与他国友好共处。③ 在相应影响下，1966年，联合国大会设立了国家间友好关系与合作国际法原则特别委员会，决议执行有关的和平共处原则。④

（2）印度文明与外交特权与豁免规则

外交使节制度早在古印度就已存在，公元前303年，代表Seleukos Nikator王国的使节就曾到访Chandragupta Maurya法庭，这是古印度外交使节的较早例证。⑤ 在古印度，使节的名称是杜塔（Duta），《吠陀经》就曾记载信使携带亚法玛纳（Yafamana）供奉给众神的祭品，作为与众神沟通的媒介。此后，"杜塔"一职逐渐演变为国际关系中的代理人，无论在武装冲突抑或和平时期，君主之间都会通过派遣使节进行沟通。宗教和世俗文学作品中都记载了大量的外交工作信息，考蒂利亚（Kautilya）的记录表明，使节已经成为同盟关系的重要因素。⑥ 后来，政治实体之间的外交关系愈加复杂，外交使节依据其职能被分为不同种类。第一类负责下达战争前最后通牒、宣战、缔结条约等最重要的任务，第二类负责在所派遣前往的国家与军官建立友好

---

① S. V. Viswanatha, *International Law in Ancient India*, Longmans, Green & Co, 1925.
② R. P. Anand, *Asian States and Universal International Law*, Vikas Publication, 1972.
③ R. P. Anand, *Asian States and Universal International Law*, Vikas Publication, 1972.
④ R. P. Anand, *Asian States and Universal International Law*, Vikas Publication, 1972.
⑤ Vincent Smith, *Early History of India Including Alexander's Campaigns*, Oxford, 1924.
⑥ S. V. Viswanatha, *International Law in Ancient India*, Longmans, Green & Co, 1925.

关系，并说明本国陆军、海军、防御工事的相对实力，第三类使节主要负责一般的特定事务，如签订一般协议，而最后一类则仅负责在法庭之间传递信息。① 此外，一些印度王子曾向罗马帝国和中国派遣大使，赠送贵重礼物。②

现代国际法中的外交特权与豁免规则，在印度文明中早有印证。规则表明，受派遣的外交使节应当携带口头或书面的指示或介绍信作为身份证明，表明其受君主授权的范围和所从事的业务。此外，外交使节的人身和财产神圣不可侵犯，由于使节是君主的外表，任何对使节的侮辱或暴力都将被视为对该君主的侵犯。在文献记载中，"处死使者是与君王的行为相抵触的""有德之人应当明白大使无论如何都不应被杀死"，即使外交使节犯下严重的错误和罪行，也不应当伤及其生命。③

（3）印度文明与国际条约法

古印度与不同文明的国家和政治实体签订了诸多条约和协定。在《梨俱吠陀》中，一些雅利安部落就相互组建联盟，与非雅利安部落进行对抗，并引发了"十王之战"。④ 在联盟的基础上，各部族之间开始签署协议。根据签订的地点、时间和目的，协议分成不同的类型，但其内容都与军事行动配合、特定任务安排有关。⑤ 这些协定和条约决定了结盟的目标、期限和条件，大多数由君主委派的使节或大臣商议缔结，并由君主进行最终的权威性批准。⑥

此外，印度文明中，条约必须遵守得到诸多资料的佐证，书面或

---

① S. V. Viswanatha, *International Law in Ancient India*, Longmans, Green & Co, 1925.
② I S. V. Viswanatha, *International Law in Ancient India*, Longmans, Green & Co, 1925.
③ S. V. Viswanatha, *International Law in Ancient India*, Longmans, Green & Co, 1925.
④ S. V. Viswanatha, *International Law in Ancient India*, Longmans, Green & Co, 1925.
⑤ S. V. Viswanatha, *International Law in Ancient India*, Longmans, Green & Co, 1925.
⑥ S. V. Viswanatha, *International Law in Ancient India*, Longmans, Green & Co, 1925.

口头的协议被给予了高度重视。① 这种对法律契约的尊重，也与现代国际法中的精神相互呼应。

（4）印度文明与国际武装冲突法

第一，武力仅为最后诉求。在《巴黎公约》和《联合国宪章》中，武力使用被严格地限制。其实，在印度文明中，武力仅为最后诉求的原则业已存在，仅仅在包括谈判、调解在内的其他方法全面失败后，战争才能作为解决争端的最后手段。② 在印度文明中，战争一方面会造成不必要的资源损失，另一方面其不确定的结果可能会给双方带来伤害。同时，佛教中非暴力的信仰对于印度文明的影响很大，③ 阿育王（Emperor Ashoka）就曾在此影响下指示尽可能地减少战争冲突，禁止屠杀平民、牧师、伤者、残疾者和牲畜。④ 一般而言，不必要的侵略战争在古印度实属罕见，只有在所有维持和平的手段均宣布无效，经过深思熟虑后，国王才会就重大问题使用武力。

第二，战争的方法、武器与人员待遇。《吠陀经》《萨斯特拉》《罗摩衍那》《摩诃婆罗多》等史诗开始规定或假定存在战争的法律和习俗，并将战争划分为正义与非正义的。⑤ 古印度文献所反映的印度文明中的战争戒律体现在战争的方法、手段或武器以及对伤员、战俘和平民的待遇之上。⑥ 首先，在战争方法方面，印度文明认为，应当

---

① Kautilya, Arthasastra, 345.
② R. P. Anand, *Asian States and Universal International Law*, Vikas Publication, 1972.
③ Jawaharlal Nehru, *The Discovery of India*, (1948) 5th Reprint, Signet Press.
④ Olga V. Butkevich, *History of Ancient International Law: Challenges and Prospects*, J. Hist. Int'l Law, 2003.
⑤ Jawaharlal Nehru, *The Discovery of India*, (1948) 5th Reprint, Signet Press.
⑥ J. C. Chacko, India's Contribution to the Field of International Law Concepts, *Recueil des Cours*, Académie de droit international, The Hague, Vol. 93 (1958-I).

为正义事业而进行正义的战争,战争方法不应当具有欺骗性,禁止使用非常规的武器。① 一种对非正义战争的称谓是 Kuta-Yuddha,包括使用背信弃义的手段进行战斗,这种武力使用在印度文明中通常是不正当的。② 其次,在战争的武器方面,古印度禁止使用毒箭、刺箭等造成不必要痛苦的武器。③ 武器的使用应当是挫败敌军的战斗力,而非使用非文明的手段进行大肆杀戮。④ 这在现代国际法中体现为比例原则和限制原则。最后,在人员待遇方面,印度文明中有大量关于平民与战俘的规定。伤者、非战斗人员、战俘不应被追赶或杀害,战俘应得到有尊严的对待,⑤ 在敌对行动结束后,应当释放战俘。⑥ 保护平民是重要的战争原则,果园、花圃、寺庙和其他公共礼拜场所不应受到干扰,交战方会签订协议,承诺不以任何方式损害农作物和贸易,并对无意中伤害的土地给予补偿。⑦

(二) 非洲文明对国际法的影响

一些学者对于国际法的欧洲中心主义视角进行批评,指出非洲无论是现在还是过去,都是国际法律规范的平等参与者和缔造者。⑧ 他

---

① Nagendra Singh, *India and International Law*, New Delhi, 1969.
② S. V. Viswanatha, *International Law in Ancient India*, Longmans, Green & Co, 1925.
③ Olga V. Butkevich, *History of Ancient International Law: Challenges and Prospects*, J. Hist. Int'l Law, 2003.
④ V. S. Mani, International Humanitarian Law: An Indo-Asian Perspective, International Review of the Red Cross, No. 841, 31 March 2001, https://www.icrc.org/eng/resources/documents/article/other/57jqzm.htm.
⑤ R. P. Anand, Development of International Law and South Asia: An Historical Approach, *IJIL*, 47 (2007) 4.
⑥ Manoj Kumar Sinha, Hinduism and International Humanitarian Law, IRRC, 87, 2005.
⑦ V. S. Mani, International Humanitarian Law: An Indo-Asian Perspective, International Review of the Red Cross, No. 841, 31 March 2001, https://www.icrc.org/eng/resources/documents/article/other/57jqzm.htm.
⑧ Gathii, James Thuo, "Africa", In The *Oxford Handbook of the History of International Law*, Edited by Bardo Fassbender and Anne Peters Oxford University Press, 2012.

们认为，尽管缺乏权威的法律制定机制，在国际法的原则和具体应用方面存在不确定性，但早期非洲部族就具有相当多的社会规则、条例和禁忌，并具有相应的执行机制。① 在条约签订、外交规则、人道法等方面，非洲文明都对国际法有一定的贡献和影响。

在条约方面，有研究者认为，早在前殖民时期，非洲就已与其他政治实体进行"国际性"接触。例如，迦太基帝国通过条约规范明确排除了西西里岛、撒丁岛和西班牙南部，并对非洲进行相应地统治，这不但表现了迦太基作为非洲帝国的军事力量，也证明了在殖民政府之前，非洲就已通过国际条约与欧洲进行了接触。② 尽管现代意义上的"国家"概念是由欧洲创造的，但在此之前，非洲已经存在一些政治实体，③ 并存在着复杂的政府形式。④ 而在此基础上，一国与另一国之间普遍接受的国际行为准则应运而生。例如，1400年，阿梅诺菲斯三世和阿肯那顿的国际信函中详细说明了条约条款以及埃及联盟伙伴对这些条款的接受情况，而在萨宾中心地带发现的法律文件中包含对边界的定义、领土的征服和结盟问题。⑤ 奥约（Oyo）和达荷美（Dahomey）之间分别在1730年、1748年签订了和平条约，旨在解决两者之间的关系问题，并对贡品数量标准进行规范。⑥ 和现代国际法一样，条约

---

① Bello, Emmanuel, Shared Legal Concepts between African Customary Norms and International Conventions on Humanitarian Law, *Military Law & Law of War Review* 23, 1984.
② Elias, Taslim Olawale, *Africa and the Development of International Law*, Sijthoff, 1972.
③ Gathii, James Thuo, "Africa", In The *Oxford Handbook of the History of International Law*, Edited by Bardo Fassbender and Anne Peters Oxford University Press, 2012.
④ M Brown, African International Legal History, United Nations Institute for Training and Research, 1975.
⑤ Zollmann, Jakob, African International Legal Histories-International Law in Africa: Perspectives and Possibilities, *Leiden Journal of International Law* 31, 2018.
⑥ Smith, Robert, Peace and Palaver: International Relations in Pre-colonial West Africa, *Journal of African History* 14 (1973).

应当得到遵守是一项基本原则,违反条约的行为将受到一定的制裁。①

在外交规则方面,根据早期欧洲对于非洲的文献记载,非洲政府从事外交事务的官员被描述为"语言学家""大使"和"信使",承担国际交流的责任。在本地区内,有关外交使节最早的记载见于539年三位葡萄牙传教士递送给国王约翰三世的信件。信中表明,非洲地区的国王有"虐待和监禁其他国王使者的习惯"。尽管这有违现代国际法中的一般礼节,但至少可以证明,非洲王国之间有定期的外交联络。② 此外,非洲的外交使节往往携带扇子、手杖或穿着特殊服装,例如黑色帽子,作为身份的证明和象征并以此自由通行。③ 外交实践中,尽管对规范的执行并不彻底,但外交使节也在人身和财产上享有一定程度的豁免权,不应被任意拘留。④

在人道法方面,非洲文明中具有类似于现代国际法中的人道主义规则。在殖民前时代,非洲文明中就有在部群战斗结束后照顾伤病员的习惯,⑤ 在战争结束后,双方会进行承诺交换,保证不再袭击对方的领土。在一些民族,妇女会组成"救济会"参与战斗,救助和照顾伤亡人员。⑥ 与《日内瓦公约》对战俘待遇的最低限度要求不同,非洲文明对于战俘的对待具有更深层次的人类情感属性。战俘将被接纳为家

---

① Smith, Robert, Peace and Palaver: International Relations in Pre-colonial West Africa, *Journal of African History* 14 (1973).

② Smith, Robert, Peace and Palaver: International Relations in Pre-colonial West Africa, *Journal of African History* 14 (1973).

③ Smith, Robert, Peace and Palaver: International Relations in Pre-colonial West Africa, *Journal of African History* 14 (1973).

④ Smith, Robert, Peace and Palaver: International Relations in Pre-colonial West Africa, *Journal of African History* 14 (1973).

⑤ Bello, Emmanuel, Shared Legal Concepts between African Customary Norms and International Conventions on Humanitarian Law, *Military Law & Law of War Review* 23, 1984.

⑥ Bello, Emmanuel, Shared Legal Concepts between African Customary Norms and International Conventions on Humanitarian Law, *Military Law & Law of War Review* 23, 1984.

庭或部落群体的一员，获得家庭单位的权益并享有结婚、经营事务的自由，并在国家法律中受到平等对待。这是非洲家庭中一个陌生人能够获得的最高荣誉，需要通过地区长老主持的公开仪式和多人见证实现。①此外，在非洲文明中，《日内瓦公约》中禁止无限使用武器等措施规范也能找到一定的印证。许多非洲部族对于已经遭受苦难的无助敌人不再施加长期的痛苦和折磨，尊重不在战场上无限使用武器的传统。②

在后殖民时代，非洲也通过国际法实践传递非洲文明，并在补充和丰富现有国际规范方面作出了独特的贡献。③《非洲人权和人民权利宪章》是首个在真正意义上阐述个人义务概念的国际法文本，符合非洲的文化价值和规范。④ 塞拉利昂特别法庭（SCSL）通过承认强迫婚姻为"其他不人道行为"、首次以国际罪行起诉非洲总统等在国际刑法领域作出了法理性的贡献。⑤《关于境内流离失所者的坎帕拉公约》(*the Kampala Convention on Internally Displaced Persons*)是第一个为境内流离失所者提供全面法律和制度保护的国际法律文件，填补了国际法律体系的制度空白，并相应地规定了国家和非国家行为者在国家、区域和国际各级的保护义务。总体而言，无论在历史视角还是现代实践

---

① Bello, Emmanuel, Shared Legal Concepts between African Customary Norms and International Conventions on Humanitarian Law, *Military Law & Law of War Review* 23, 1984.
② Bello, Emmanuel, Shared Legal Concepts between African Customary Norms and International Conventions on Humanitarian Law, *Military Law & Law of War Review* 23, 1984.
③ Maluwa, Tiyanjana, Reassessing Aspects of the Contribution of African States to the Development of International Law through African Regional Multilateral Treaties, *Michigan Journal of International Law* 41, 2020.
④ Mutua, Makau, The Banjul Charter and the African Cultural Fingerprint: An Evaluation of the Language of Duties, *Virginia Journal of International Law*, 1995.
⑤ Jalloh, Charles, *The Legal Legacy of the Special Court of Sierra Leone*, Cambridge University Press, 2020.

中，非洲文明都以其特有的方式影响着国际法的发展和运行。

总而言之，无论是中华文明，还是印度文明与非洲文明，都以其独特的方式在国际法的发展中发挥作用，其诸多精神理念都与现代国际法中的概念、规则或原则相互印证、密不可分。与西方中心主义的视角相反，在包容互鉴的文化共同体观念中，国际法只有在世界文明的交流互鉴中才能创新发展、充满活力，而世界文明对国际法发展的影响与贡献，正是包容互鉴的文化共同体观念最好的例证。

四 包容互鉴的文化共同体观念的国际法意义

本文分析了包容互鉴的文化共同体观念的思想渊源及其所蕴含的国际法内涵，并以印度文明、非洲文明对国际法发展的影响和贡献为例证，论证了包容互鉴的文化共同体观念在国际法发展中的体现。本部分将着眼于包容互鉴的文化共同体观念的国际法意义。在对传统西方文明范式作出有力回应的同时，包容互鉴的文化共同体观念为人类命运共同体的国际法观构建、国际文化法律制度的进一步发展提供了中国方案与中国指南。

（一）西方文化范式问题与矛盾的解决方案

在此之前，西方传统的文化观念中存在一些问题与矛盾。第一，部分学者主张"西方中心主义"和"文明冲突论"，认为不可调和的文化冲突将是未来国际法发展的重大阻碍，这是一项亟待解决的问题；第二，文化民族主义与文化国际主义之争在国际法领域，尤其是国际文化遗产法领域尤为激烈。针对以上问题与矛盾，包容互鉴的文化共同体观念均作出了深刻的回答。

1. 回应与批判西方学者的"文明冲突论"

包容互鉴的文化共同体观念是对"西方中心主义"与"文明冲突

论"的有力回应。以萨缪尔·亨廷顿为代表的"西方中心主义"者所提出的"文明冲突论"是西方文明范式最典型的表现形式。在其一系列论文及专著《文明的冲突与世界秩序的重建》中，亨廷顿主张，文明标准的差异必然导致文明之间的竞争和冲突，这种不可调和的冲突将成为国际潮流的走向与世界和平的重大威胁。① 但实际上，真正导致文明冲突的，不是文明之间的差异，而是傲慢、偏见与文明隔阂。如习近平主席所指出的，世界文明存在的问题包括文明隔阂、文明冲突与文明优越，世界应当以文明交流超越文明隔阂、文明互鉴超越文明冲突、文明共存超越文明优越。文明之隔阂、孤立与封闭曾长期存在于历史之中，破题手段为文明之交流；面对以亨廷顿为代表的"文明冲突论"者，在文明交流基础上的文明互鉴是重要的回应；以福山为代表的"历史终结论"者的思想观念中暗含了文明优越观念②，针对这一问题，包容互鉴的文化共同体观念主张文明和平共存、和而不同、求同存异、合作共赢，巩固和发展人类社会的整体利益。由此可见，包容互鉴的文化共同体观念认为，"文明冲突论"下所谓的文化标准差异必将导致冲突的观点是极端错误的。只有通过贯彻包容互鉴的国际法观念，有效解决文化隔阂、冲突与优越的遗留问题，文化领域的国际法才能顺利地蓬勃发展。

2. 消弭文化民族主义与文化国际主义之争

文化民族主义与文化国际主义长期以来是国际法价值基础争论的焦点之一，在文化遗产法领域体现得尤为明显，西方又将这一冲突称

---

① Samuel P. Huntington: *The Clash of Civilizations and the Remaking of World Order*, New York: Simon & Schuster, 1997.
② 〔美〕弗朗西斯·福山:《政治秩序与政治衰败》，毛俊杰译，广西师范大学出版社，2015。

为"拜伦主义"与"埃尔金主义"之争。①受到 18 世纪末 19 世纪初威尼斯主流思想的强烈影响,拜伦是民族文化遗产的伟大捍卫者之一,而埃尔金则被拜伦斥责为将文物带离本土的掠夺者,在《恰尔德·哈罗德》中,拜伦对这种以文化国际主义作为价值基础的文物转移行为进行了强烈的批判。②文化国际主义者主张,正如 1954 年《海牙公约》精神所体现的,文化遗产是人类共同利益的体现,对它的保护应当跨越国界。有争议的是,一些发达国家以此作为借口正当化其侵略战争中的文物掠夺行为,消弭民族文化认同因素,引起了原主国的强烈不满。文化民族主义者则主张,文化是国家和民族历史的凝结,其发源地的人们能够更好地保护文化遗产。③对于这一国际法价值争论,包容互鉴的文化共同体观念实质上作出了回答。借助人类共同利益原则和国际合作原则,这一观念认可了文化国际主义中的合理性因素,赋予文化以人类共同利益的属性,鼓励交流互鉴,并主张在必要时加强国际合作以保护文化。同时,它摒弃极端的国际主义立场,支持文化财产返还和文化利益的合理分配,维护来源国的正当权利。通过融合两大立场共同的合理目标,包容互鉴的文化共同体观念尝试消弭文化民族主义与文化国际主义之争,各国在和平消解矛盾的情形下共同推动国际法领域的文化保护进程。

(二)国际法理论与实践发展的中国指南

包容互鉴的文化共同体观念除了能够作为西方文化范式问题与矛

---

① 〔墨〕豪尔赫·A. 桑切斯·科尔德罗:《文化遗产:文化与法律文集》,常世儒等译,文物出版社,2014。
② 丁宁:《"埃尔金大理石"事件——作为重要文化财产的艺术品的归属问题》,《文艺研究》2002 年第 3 期。
③ 王云霞、黄树卿:《文化遗产法的立场:民族主义抑或国际主义》,《法学家》2008 年第 5 期。

盾的解决方案之外，还能够作为国际法理论与实践发展的中国指南。在理论上，它是对人类命运共同体国际法观在文化领域和维度上的深入阐释；在实践上，它所蕴含的国际法内涵是对传统西方国际法理论困境的破局，对于国际文化法律制度的发展具有创新性的指导价值。

1. 丰富人类命运共同体国际法规

包容互鉴的文化共同体观念是人类命运共同体的文化维度，也是构建人类命运共同体的重要推动力量。党的十九大报告指出："世界正处于大发展大变革大调整时期……必须统筹国内国际两个大局，……谋求开放创新、包容互惠的发展前景。"① 这说明了文化包容互鉴在人类命运共同体建设中的重要地位。相较于西方国家的单一文明准则和文明竞争冲突的主张，包容互鉴的文化共同体观念深刻阐明了中国多样性的和平发展观念，是共享人类文明成果、构建人类命运共同体不可或缺的一部分。钱乘旦认为，现代化世界中，文明将共存、共荣，这既是人类的理想，也是人类的责任。而包容互鉴的文化共同体观念，正是对人类文明发展史上重大问题的切实反思，与威斯特伐利亚体系中的多元、平等价值不谋而合，是人类命运共同体国际法观的重要组成部分。

2. 推动国际文化法律制度建设完善

作为中国为推进新型国际关系而创造的公共产品，包容互鉴的文化共同体观念从多方面服务于国际法。无论是以联合国教科文组织为代表的管理国际文化事务的国际组织之运行机制，还是世界文化遗产保护、国际文化权利保护、国际文化多样性保护与文化财产返还的法律制度，均可以从包容互鉴的文明观中汲取进一步发展完善的精神力

---

① 《习近平：决胜全面建成小康社会 夺取新时代中国特色社会主义伟大胜利——在中国共产党第十九次全国代表大会上的报告》，新华网，2017年10月27日，http://www.xinhuanet.com/politics/19cpcnc/2017-10/27/c_1121867529.htm。

量。这一和平、多元、共治、普惠的文明观，不仅为文化方面的国际法制度提供观念工具，也为整个人类命运共同体和全方位的国际法体系构建奠定精神根基。在维护人类共同利益原则、尊重文化多样性原则与惠及来源国原则的指导下，摆脱民族文化主义与文化国际主义之争论，完善全球参与的世界文化遗产保护制度、文化财产返还制度，平衡善意取得人与原所有权人之权力关系；在继承与发展原则的指导下，填补国际公约条文漏洞、明晰概念定义，扩展文化遗产保护的主体范围、加强全球机构建设和网络信息共享系统建设。在包容互鉴的文化共同体观念的影响下，让国际文化法律制度引领人类文化向平等交流、共同繁荣的方向迈进。

结　语

当今时代，全球化浪潮深入社会生活的各个角落，世界文明处在不断碰撞和互动的进程之中。建设和平安全、繁荣富强、包容互鉴、清洁美丽的人类命运共同体，是中国结合自身文化根基与世界发展趋势为国际法的建设提出的中国方略。而包容互鉴的文化共同体观念是人类命运共同体的文化维度，它为国际文化法律制度建设提出"包容互鉴"的核心指导思想。

文化是一个相对复杂的概念。即便如此，来自不同领域的诸多学者却对文化的本质持有相似的观点。他们认为，文化是人类群体活动和进步的记载，是人类整体精神文明的凝结。通过文化中的群体生活方式，人类整体趋于文明、和平、安全与和谐。如此而来，"包容互鉴"天然地植根于文化的土壤，中华民族自古以来主张和而不同的"和"文化，西方哲学家也通过不同的方式表达人类命运的休戚与共，通过国家、法律等构想追求互惠和集体幸福。这种传统哲学思想同样影响了国际法的起源和发展，正如格劳秀斯的国际法定义所言，国际法来源于各国的共同利益，是文明之间包容互鉴的制度反映。

以"包容互鉴""共同体"为元素指导国际法的发展，尤其是国际文化法律制度的发展，既具有天然的合理性，也具备充分的依据。结合文化领域的国际法实践，包容互鉴的文化共同体观念能够阐发出五条国际法原则。其一，人类共同利益原则，这是"共同体"观念的制度表达；其二，惠及来源国原则，这是与人类共同利益原则相呼应，平衡国际利益与原主国利益关系的温和方案；其三，国际合作原则，这是加强国家间合作与公众参与的目标举措；其四，尊重文化多样性原则，这是"包容"态度的具体阐发；其五，继承与发展原则，这是对国际文化法律制度继承与创新的针对性建议。前两条原则是国际文化法律制度建设的主体思想，而后三条国际法原则从态度、行动出发，规范和促进包容互鉴的文化共同体的实现。

不同于西方的"文明冲突论"，包容互鉴的文化共同体观念立足于中华民族的精神基因和人类的共同向往，为旷日持久的"拜伦主义"与"埃尔金主义"之争奉上了蕴含着中庸之道的协调思想作为解决方案。通过击破孤立、争斗、矛盾等阻碍文化自身及国际法发展的因素，包容互鉴的文化共同体观念在理论上丰富着人类命运共同体的国际法观，在实践上推动着国际文化法律制度的建设完善。无论是在文化遗产保护及文化财产返还领域融合人类共同利益原则和惠及来源国原则，在国际条约的修订中贯彻继承与发展原则，还是在管理国际文化事务的国际组织日常运行过程中落实尊重文化多样性原则，这一凝结中国智慧的观念都将为通过国际法进行和平、安全、有序、和谐国际社会的构建贡献出富有特色的中国力量。

·粤港澳大湾区文化研究·

共同的记忆　共同的遗产
——建设粤港澳大湾区教育文化遗产游径

曹　劲　张　羽[*]

摘　要：抗战时期，为躲避战火，我国众多学府踏上艰辛的迁徙办学之路。粤港澳地域相连，文脉相通，三地文化教育机构在烽火中守望相助，留下了共同的教育记忆。自2019年起，广东省依托南粤古驿道保护利用工作，以深挖抗战时期粤地教育历史为基础，开展了华南教育历史研学基地的建设，至今已初具规模。对抗战办学遗址进行保护和修缮，融合自然地理与人文历史资源打造教育文化遗产游径，举办丰富的文化体育活动，引起了广泛的社会关注。当下，粤港澳正联动建设大湾区文化遗产游径，容纳三地抗战办学史迹，关联我们共同的教育遗产，这将丰富游径系统的历史内涵，提供更加多元的文化体验，同时也将助力凝聚民族精神、共建人文湾区。

关键词：人文湾区；教育记忆；文化遗产游径

---

[*] 曹劲，广东省文物考古研究院院长，研究员；张羽，广东省古迹保护协会副秘书长。

一 抗战中粤港澳三地文化教育的守望相助

1937年8月31日,广州第一次遭到日机空袭,随后,广东各县市的轰炸声渐渐密集,文化教育机构遭受损失的消息频频见诸报端和政府报告。港澳与广东毗邻,经济、文化紧密相连,中文教育也深受内地影响。当时,香港的私立中学虽依照港英政府的规定注册、办理,但也向国民政府教育部以及华侨委员会立案,粤港澳三地青年学子异地求学深造十分常见。抗战爆发后,很多在广东读书的港澳学生回家避难,而广东的许多院校为继续办学,同时也利于接收港澳学生就读,纷纷设立港澳分校,与内地同步教学;或直接关闭内地校舍,迁往港澳复课。

(一) 迁办港澳的广东院校

根据目前史料梳理所见,抗战全面爆发以来,广东迁办港澳办学的专科以上学校(高等学校)有私立岭南大学、私立广州大学、私立广东国民大学、私立光华医学院等校。国立中山大学虽未迁港澳,但将古籍善本和部分设备仪器寄存九龙以避战火,另将农林植物研究所移至九龙开办。中等教育方面,有省立执信女子中学、私立培正中学、培道中学、真光中学等30余所,职业学校则有省立广州农工业职业学校和私立仲恺农业职业学校等。

彼时,港澳为内地院校提供了较为安稳的环境,而随着内地文化教育资源和大批文化名人的流入,香港的文化教育活动也活跃起来。香港大学冯平山图书馆成为文化盛会的中心,曾举办"汉代木简展览会""广东文物展览"和"古代书法展览"等[①]。抗战爆发前香港只

---

① 朱陈庆莲:《冯平山图书馆金禧纪念论文集》,香港大学冯平山图书馆,1982。

有两所专科以上学校——罗富国师范学院和香港大学,随着岭南大学、广东国民大学、广州大学等校迁入,还有在港新创办的私立南华学院,粤港高等教育的交流也密切起来。当时报载:香港的教育进入蓬勃发展的时期①。

(二) 太平洋战争后内地对港澳学生的收容

太平洋战争的爆发带来粤港澳学生流动的转向。1941~1942年,内地学校纷纷回迁,大批港澳学生也穿过沦陷区,从水路、陆路一路艰难跋涉回内地求学。为救济香港大学师生,教育部、国民政府侨务委员会和香港大学联合成立了香港大学临时协济委员会,积极与国内各公私立高等学校联系,请求准予收容回国的港大学生借读。根据港大临时协济委员会常务委员杭立武的报告,至1942年12月25日,由该会介绍的港大归国侨生借读于国内各大学者计276人,其中在国立中山大学借读的有78人,在私立岭南大学借读的有30人②。香港大学有近600名在学学生,内地借读人数约占了一半③。

1942年,广东省教育厅颁布《广东省救济港澳及海外回国之学校员生暂行办法》:为救济由香港澳门及海外回国之学校员生,及省内各校向赖侨汇接济而现在经济来源断绝之学生(侨生)起见,特制定本暂行办法……除发放救济费外,沿海24县市应特别注意接济港澳及回国员生的工作,登记之后就近介绍服务或就学去处,或指引到韶关,向省教育厅报到、登记、介绍就业就学;各学校应尽力收容,甚至增班收容。广东省教育厅统计,仅1942年7~8月,在该厅登记的香港侨生即有553人,1942年12月登记的侨生有中学生325人④。

---

① 碧海:《香港的教育》,《华商报》1941年第9期。
② 中国第二历史档案馆藏民国政府教育部档案。
③ 金应熙:《金应熙史学论文集·近现代史卷》,广东人民出版社,2006。
④ 中国第二历史档案馆藏民国政府教育部档案。

（三）共同的教育记忆

抗战烽火中，粤港澳命运紧密相连，三地文化教育机构之间的交流与互助共同承担起重任，为中华青年留下了希望和未来。在今日粤港澳三地的院校中，许多院校的校史里都记载着这段岁月。在建设粤港澳大湾区的国家战略背景之下，在共建共享人文湾区的愿景之中，回溯抗战时期粤港澳三地文化教育共同走过的烽火历程，是我们情感相携与价值相连的纽带。

二 华南教育历史研学基地

广东省自2016年起开展了南粤古驿道保护利用工作，对散布在南粤大地上的古道进行调查、保护、研究和利用，经过数载深耕，成果斐然。今天，南粤古驿道已经成为广东文化遗产的一张名片，并由此衍生出文化、体育、旅游等领域中的许多品牌项目。

华南教育历史研学基地建设就是近两年来南粤古驿道保护利用工作的重要组成部分。抗战时期，众多粤港澳院校悲壮的迁徙办学历程，在中国的教育史和抗战史上留下了重要的一页，也在南粤古驿道及沿线留下了众多史迹和故事。华南教育历史研学基地以历史文化为基础，以古驿道及周边抗战办学史迹为载体，营造可供今人徜徉于历史情境的场所。它由点及面，覆盖地域广泛，目前在韶关、清远、梅州和云浮四市五地已经取得了不同程度的建设进展。其中，韶关的乐昌坪石研学基地和浈江大村研学基地，分别是国立中山大学和私立岭南大学抗战办学旧址，两处的建设成果具有示范效应。

（一）乐昌坪石研学基地

韶关市乐昌坪石镇地处湘粤交界，西京古道沿线，有武江蜿蜒而过。1940年，国立中山大学迁徙至此，办学4年。学校的中枢设在坪石老街上，各学院则沿武水分布于两岸山村之中。文学院先是位于清洞，后迁到老街附近的铁岭，当年向粤汉铁路租用的小楼至今还保留着。法学院先是在靠近湖南宜章的武阳司，后迁至车田坝，两座村落中都遗留着师生们住过的房舍。理学院位于塘口村，这里有形制优美、保存较好的古建筑群，尤为值得注意的是，附近小山岗上还留存着抗战时校园天文台的遗址。工学院在三星坪村，这里保留着始建于清代的三星坪码头，是西京古道的重要节点，也留存着许崇清校长旧居和工学院曾租用来教学的祠堂和民居。师范学院位于管埠村，环境清幽，留存着"清泉里"等办学旧址。此外，坪石还有私立岭南大学农学院、培正培道中学、仲恺农业职业学校以及国立第三华侨中学等校的办学旧址。坪石，这个古道边上的交通要地，在抗战时期成为多所院校的栖身之所。

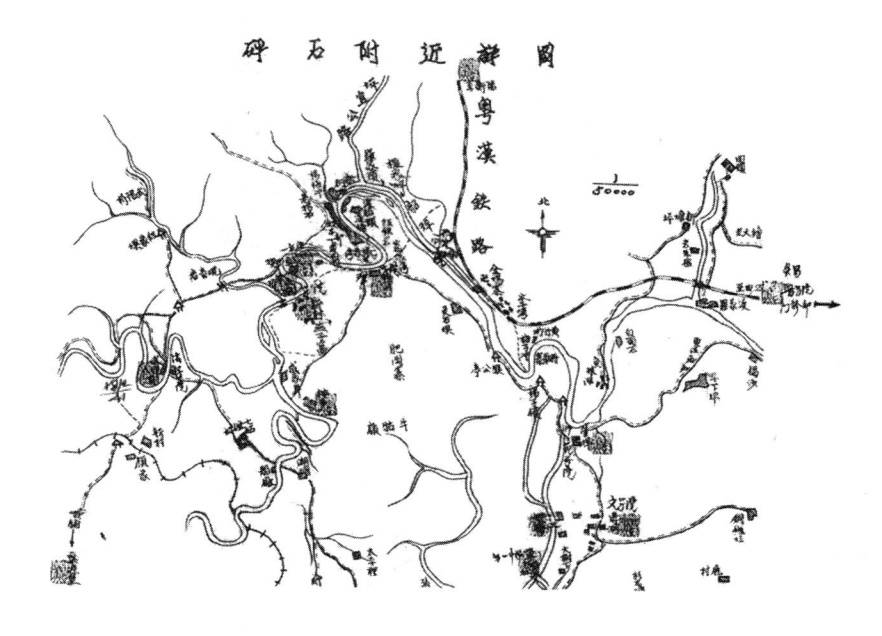

图1 国立中山大学迁址粤北各院地点分布（虞炳烈先生手绘）

坪石研学基地以国立中山大学各学院的办学旧址纪念园地为基本组成部分。工作人员细致搜寻办学遗存，经过科学地保护和修缮，循序渐进地规划设计，配合环境景观和基础设施的提升，目前已经呈现了坪石研学基地的全貌，基本完成了各处重要节点和学院纪念园地的建设。自2019年起，就有一批批社会各界公众到访，参观史迹和主题展览，参加各类文化体育活动。

图2 抗战时期私立广州培正培道中学坪石分校的牌坊

长尾洞中学纪念园是抗战时期由港澳内迁粤北的培正、培道中学设立联校的旧址，今天，分散于三地的学校仍有相同的名字，在纪念园中，三地的学子可以亲身踏足他们校史中记载的地方。

（二）浈江大村研学基地

浈江大村位于韶关市犁市镇。1942年，私立岭南大学从香港回迁

图 3　坪石长尾洞中学纪念园今景（作者摄于 2021 年）

内地，落脚于此。校园坐落于小山丘上，校舍是竹织批荡的简易建筑，以"怀士堂"为中心，大学部和附属中学分列东西两侧。岭大师生们仍以广州康乐园中建筑的名字为这座山村校园的校舍命名，以志不忘来处。原址苏州的东吴大学也曾在战时迁徙至韶关，与岭南大学为邻。

图 4　远望岭大村校园（1942 年）

图片来源：https://library.yale.edu/。

竹织批荡的简易建筑无法经受数十年的岁月，大村研学基地建设启动之初，山丘上草木萧疏，已经没有任何建筑遗存。工作者经过细致的文献考证，结合田野调查和考古发掘，逐步推测出大村校舍布局，并根据史料记载的建筑形制和材料，在原有位置复原出"怀士堂"、校道"文士路"等重要校舍和设施，作为研学基地活动开展的场所。在大村山脚下的村落中，工作者从历史中提炼思路，择老建筑进行修缮和再利用，营造了"玉清书舍""四姑医务室""大村小舞台""大村饭堂"等方便当地村民生活的场所。村落中古井、古桥和古驿道等历史遗存丰富，工作者正逐步进行保护修缮，通过提升环境景观的历史氛围，将研学基地与其周边地理环境融于一体，为来者提供沉浸式的体验。

图5　历史照片中的大村怀士堂

图片来源：https://library.yale.edu/。

"岭南才女"冼玉清先生从澳门冒着战火来到大村执教，曾自述在学校的图书馆中"挂单"。此处择村中旧建筑改造为书室，是方便村民阅读的地方。

四姑是岭南大学的校医，抗战时期，不仅给学校的师生看病，也为附近的村民开药。如今的四姑医务室也是村民求医问药的场所。

图 6　复原的怀士堂室内，多功能的研学活动场所

图 7　玉清书舍

图 8　四姑医务室

三 华南教育历史研学基地历史文化游径

抗战办学史迹分布的地理空间广泛,类型、价值与阐释方式多样,只有将它们串联为一个有机的整体,才能共同支撑粤地教育历史的宏大叙事及内在统一的价值核心,为公众提供完整的、联通的体验,并且提升研学基地的整体影响力。因此,以古驿道、碧道、绿道等实体线路为载体,联结各个教育文化遗产资源节点,配合基础设施、游憩设施及历史文化景观的建设,打造融合自然地理与人文历史资源的华南教育历史文化遗产游径。

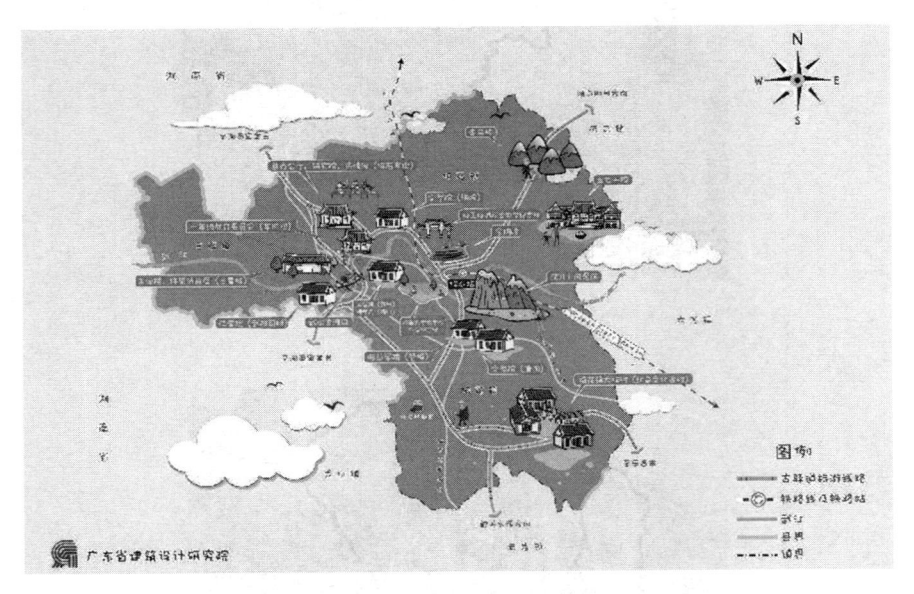

图 9 华南教育历史研学基地历史文化游径

2021年,广东省公布的第二批6条历史文化游径中便包括华南教育历史研学基地历史文化游径,以抗战时期院校迁徙足迹为主线,跨越韶关、清远、云浮、梅州四市,串联起了省内各主要办学史迹,呈现华南抗战教育历史的概貌及不同城市、地区间的关联。具体到不同地市，办学史迹又融于各自不同的乡土民俗及自然地理环境中，提供了丰富多样的体验。从两个层次来看，是统一主题下多元化的呈现。

以韶关坪石研学基地为例。坪石倚山面水，有丹霞地貌的红色岩系和种类繁多的植被资源，西京古道在山野间留下细密的路网，历史村落仍保存着地方传统文化。研学基地的众多节点置身于这样的自然和人文环境之中，拥有得天独厚的条件，结合史实与人物事迹，便可打造各具特色的游径。

图 10 坪石研学基地游径
武江水、古驿道、村道和现代公路串联起各学院的办学旧址纪念地

（一）武阳司读书小径

武阳司村是古驿道沿线的特色村落，是国立中山大学法学院曾经的办学地，也是《资本论》最早中文全译本译者在抗战时生活、执教

的地方。村中保留的碉楼和传统民居已经过保护和修缮，文化站制作了长期的主题展览。贯穿武阳司村的是一条以原先村道为基础修葺的读书小径，人们沿着江水和岸边密植的竹林漫步，能感受到传统村落的历史氛围和生活气息，可以像村民一样步下码头亲近江水，也可以浏览法学院沿途的各处办学旧址、参观主题展览。

图 11　沿着江水和竹林延伸的武阳司读书小径

（二）长岗岭古道游径

长岗岭古道是西京古道的支线，可将湖南境内的栗源堡、坪石的武阳司村和三星坪村相连，因此，抗战时期，位于这三地的国立中山大学农学院、法学院及工学院师生们去往坪石老街校本部，都要经过这条古道，它也被虞炳烈先生标注在手绘的学院分布图中。长岗岭古道也是朱德领导工农革命军取得"坪石大捷"的主战场，是一处有着红色记忆的古道。经过修缮的长岗岭古道，已经成为一条全长约4公里的游径，行走于山水之间，踏过石桥，在凉亭下小憩，仿佛看到师生们当年驻足的身影。

图 12　长岗岭古道的红砂岩石板路

（三）新村在望　壮士不留

从理学院所在地塘口村沿江西行，会经过法学院另一处办学旧址车田坝村，穿过菜地田埂，再沿着古道小路翻越起伏的山丘，便能通往工学院建工系所在地新村。在当年学生的回忆中："走到最后一个山头，可望见新村，山顶有小亭子可供休息。有人在亭子上挂了副横匾，上写着：'新村在望、壮士不留'"。建工系的陈维屏等学生曾在这里留下了珍贵的合影。通过实地探访，这座驿亭今日重回人们的视野，虽然屋架已经残破，但石柱保存完好，仍见当年模样。而古道另一端的塘口村，则是中国核物理研究、教学的启蒙之地，"中国核能之父"卢鹤绂先生抗战时期便执教于此。在塘口村，还有抗战时中国唯一的校园天文台遗址，讲述了数学天文系师生烽火中观天的故事。如今，古道与驿亭已修缮完成，成为连接坪石研学基地两大纪念园地的游径，人们登顶远眺河山，也会涌起"新村在望，壮士不留"的豪情。

（四）诗音漫步道

管埠村是抗战时期国立中山大学师范学院的办学地，也因为众多知名学者和艺术家到此执教而成为学术与艺术的高地。其中便有音乐家马思聪先生和诗人许幸之先生。许幸之先生晚年的追忆文章中记叙了两人在罗家渡松林中漫步的场景：在松木、古柏和红叶掩映的小路上，在松涛与溪水的伴响中，从诗歌到绘画，从音乐到戏剧，一路畅谈。诗人的文章将我们带回到那条回荡着诗歌与音乐的小路，数十年过去，这里风景依旧。诗音漫步道本身是一条保存状况较好的古道，它所承载的历史信息不仅包括抗战时期高校迁徙办学的经历，还包括左联文化运动、文艺抗战及香港文化名人营救等众多相关史实，是一条内涵丰富的历史文化游径。

四　华南教育历史研学基地的活化利用

华南教育历史研学基地遵循边保护、边建设、边利用的原则。随着节点建设的次第完成，连接节点的游径也渐渐成形，研学基地的活化利用也有了更加多样的形式。

（一）研学与调查研究

抗战中粤港澳院校烽火办学的历史，在今天三地乃至全国的文化教育系统中留存了文脉。研学基地自建设以来，已经吸引了粤港澳大湾区众多院校到此进行追忆校史、缅怀先师的寻根之旅。省内各专业院校及社会机构也积极参与，利用研学基地的自然和人文资源，面向各年级学生开发寓教于乐的研学课程，给孩子们带来丰富多彩的活动。

研学基地也为开展研究、科普及现场教学提供了场所。在抗战年代，先辈学人曾在粤北的山水间进行了多个领域的调查研究，如陈国达、吴尚时先生对丹霞地貌的研究，蒋英先生对植物分类的研究，侯过先生对森林学的研究，杨成志先生对粤北少数民族的人类学研究，等等，这些研究是留给后人的学术财富，同时也有待后人去继承和深入。2020年至今，广东省文物考古研究院联合丹霞山管委会、广东工业大学等机构、院校开展了丹霞山文化遗产调查研究课题，细致寻访散落于陡崖峭壁之上的文物史迹，为丹霞自然和文化遗产的保护利用提供基础的学术支撑。华南农业大学的师生多次行走于古道之上，对沿线植物进行考察和分类研究，为粤港澳大湾区生态屏障的研究和保护贡献专业力量。

（二）文体、公益活动

南粤古驿道定向大赛是近几年活跃在古驿道上的知名赛事，吸引了国内外众多爱好者参与。2020年6月，定向大赛走进了华南教育历史研学基地，第一站为乐昌坪石，参赛者在坪石老街上的办学旧址广同会馆前鸣锣出发，奔跑于江岸和田畴，沿途在办学旧址纪念地打卡。研学基地为户外运动提供了新的路径和场所，并赋予体育以更多历史人文体验。在定向大赛开幕当天，广州与乐昌两地儿童在三星坪码头上共同唱响了歌曲《为了明天的绽放》，"华南教育历史坪石研学基地留守儿童帮扶基金"揭牌成立，用于当地教师补贴、外请老师到当地学校支教和组织地方教师到广州参加培训等，研学基地成为开展教育扶贫的实践场所。

（三）促进三地文化交流

2020年"粤港澳学生文化之旅"和2021年"港澳与内地大中小学师生交流计划之发现之旅——岭南文化与湖湘文化"活动中，来自香港和澳门的学生到访坪石研学基地。他们探访抗战办学旧址，第一次了解到在粤北的山区，在抗战年代，三地的文化教育曾共有一段值得铭记的历史，也为先辈学人在艰苦的战争中坚守使命而感慨。研学基地成为一个平台，三地学生在人文历史情境和自然风光中认识祖国的历史和文化，增进彼此情感的亲近和认同。

华南教育历史研学基地自建设以来，开展了文创大赛、实践成果大赛、研学课程设计大赛等各类文化赛事和活动，通过报纸、电视等传统媒体以及新媒体进行了多渠道宣传，并且以华南教育历史为主题拍摄了电影和纪录片等影视作品，覆盖了更广泛的受众。随着研学基地在社会公众间的知名度提升，大批社会力量被吸纳进来，参与共建共享。在古驿道沿线，至今仍有许多村落居民生活在贫困之中，华南教育历史研学基地连接散布各处的抗战办学旧址，打造整合的爱国主义教育和文化旅游目的地，这种建设资源的集中，与物质、精神文化需求的导引，为乡村振兴、地方经济文化发展输入了新鲜血液。

五　串联粤港澳大湾区共同的文化教育遗产

香港和澳门在文化遗产保护方面有较为成熟的经验，广东省通过交流与借鉴，也通过不断探索和总结，一直在进行文化遗产保护利用及文旅融合发展的积极实践。在粤港澳大湾区协同发展、共建人文湾区的背景下，2020年和2021年，广东省连续发布两批大湾区文化遗产游径，涵盖八大主题43条实体线路，包括孙中山文化遗产游径、海上丝绸之路文化遗产游径、华侨华人文化遗产游径、古驿道文化遗产游径、海防史迹文化遗产游径、西学东渐文化遗产游径、近代商埠开放文化遗产游径和非物质（粤剧）文化遗产游径。游径体系以不同主题，在珠三角9市内将散落的文化遗产资源点串珠成链，展现了岭南地区历史文化特色及粤港澳三地文化交融的历史渊源。

同时我们也看到，大湾区文化遗产游径还有广泛的发展空间。首先，不论在文化主题层面还是文化遗产资源链接的实体路径层面，对于历史文化的挖掘与提炼都有扩展和深化的需要。扩展是为多元文化的呈现，深化则为加深对历史文化价值的理解，这决定着游径规划及信息阐释，也直接关系到公众的体验与收获。其次，当下的大湾区文化遗产游径在广东省和港澳之间更多的是历史文化层面上的呼应，缺少地理空间的对接。在大湾区规划发展进程中，交通联结的便利、"一程多站"旅游产品的开发和市场培育，都为实现游径在三地间，特别是与港澳地区的实体连接创造了条件。新冠疫情后，面对庞大的市场需求，这是不可错失的发展机遇。

近两年，华南教育历史研学基地进行了大量基础性工作，在文化遗产保护利用、社会力量共建共享、以文旅融合带动乡村振兴等方面提供了有益思路。如能以粤港澳教育历史为线索，关联三地的教育文化遗产资源，纳入大湾区文化遗产游径系统中，将丰富游径系统的价值内涵，为三地公众提供更加多元的文化体验，也有助于湾区人文精神的凝聚。三地可以在以下方面进行交流合作。

第一，加强三地在历史挖掘和研究方面的交流。分享高校、图书馆、档案馆等史料保存机构的历史信息资源，交换有价值的研究线索，为彼此的研究提供助力。通过交流合作，我们可以共同还原更加有血有肉的教育历史，深化对三地教育文化遗产的认知，有益于教育文化遗产保护利用及游径系统的规划建设，也有益于历史学者、机构进行研究工作。

第二，梳理并关联三地的教育文化遗产资源，规划建设可相互呼应的游径线路，并逐步实现实体的对接。三地的故事跨越空间彼此延续，公众循着线索辗转，仿佛回到历史的时空，对于抗战时期粤港澳文化教育的守望相助有更加深刻的体会。三地的文化遗产又拥有各自独特的人文历史肌理，公众沿着游径可有机会了解同中有异、丰富多元的地方特色。

第三，协同推动三地教育文化遗产的活化利用。促进知识与技术资源交流，加强文化遗产游径规划和建设的合作，并在宣传推广、公众导引等方面建立协同机制。以此为基础，创建粤港澳大湾区文化遗产保护工作的示范项目，打造青少年交流、岭南传统文化交流的平台，让文化遗产成为大湾区精神联结的纽带。

（本文所有实景摄影：张羽）

身体、侠义与文化身份：《功夫》的文化批判

徐桔林　陈开举[*]

摘　要：巴赫金的"狂欢化诗学"体系对文学研究、文化批评具有很强的阐释价值。其中，身体作为一以贯之的介质，有助于我们探讨自我与他者、自我与社会组织的关系。本文以 2004 年周星驰电影《功夫》中的各人物身体为切入点，阐述身体的解构与颠覆功能，并探讨各人物身体的"狂欢式"表达背后的文化身份认同问题，揭示出中华传统文化核心思想的影响力依然深厚。

关键词：文化身份建构；文化批判；周星驰

引　言

由周星驰自导自演的电影《功夫》（2004）以 20 世纪 40 年代的中国广东为背景，讲述了街头混混阿星（周星驰饰）逐步觉醒、成长，变成一代武学奇才，并改邪归正的故事。影片一开始阿星坏事做

---

[*] 徐桔林，广东外语外贸大学国际商务英语学院讲师；陈开举（通讯作者），广东外语外贸大学阐释学研究院教授。

不成，好事不想干，一事无成。他和小跟班肥仔聪假扮斧头帮，去猪笼城寨敲诈勒索，结果引来了真正的斧头帮。后来，他凭借神偷开锁技能，成功加入斧头帮，并帮助老大琛哥放出火云邪神。在斧头帮与猪笼城寨恶战中，阿星善心未泯，救出包租公、包租婆，身负重伤后脱胎换骨，最终以如来神掌打败火云邪神。影片结尾，阿星重拾善心，相信世界美好，做回一名平凡的好人。

影片上映后，学者们较为关注《功夫》中的电影美学元素，如功夫动作戏仿特色[1]、无厘头人物语言[2]、音乐与动作配合[3]，剖析《功夫》在视觉、听觉上带给观众独特、震撼的观影感，这是该片在国内外市场成功的依据。与此同时，还有一些学者注意到了《功夫》所阐释的文化，既有"诗化唯美""抽象写意"的东方文化[4]，也有无厘头风格背后所体现的后现代与大众文化[5]。廖朝阳由后人类的观点解释《功夫》所体现的外人较难理解的"港式"文化转向全球市场吸引对象的"转向"[6]。此外，学者们也运用对比手法分析、整理电影《功夫》与周星驰的其他作品或者好莱坞影片等其他影片的异同之处[7]。通过对比分析周星驰的不同作品，指出《功夫》成功的关键在于立足香港"本土"语境，同时融入主流好莱坞电影元素，试图探索印度南部电影制作、发行成功之路。宣琳对比《功夫》与《功夫熊猫》两部

---

[1] 程士元：《周星驰〈功夫〉情结与电影的美学理念》，《电影文学》2017年第9期。
[2] 苟红：《电影〈功夫〉无厘头人物语言审美特征》，《四川戏剧》2015年第2期。
[3] 杨阳：《震撼视觉的动作帝国 漫议〈功夫〉中的经典武打桥段》，《电影艺术》2005年第3期。
[4] 刘宏凤、任桂燕：《电影〈功夫〉：东方文化的再现与演绎》，《电影文学》2012年第16期。
[5] 梁佳、杨敏：《仅仅是无厘头？化蛹成蝶之〈功夫〉》，《小说评论》2012年第S1期。
[6] Liao, C. Disabilities, the Cybernetic Body, and Global Risk: Posthuman Representation in Kung Fu Hustle. *Chung Wai Literary Quarterly*, 36 (1).
[7] Srinivas, S. V. (2005). Kung Fu Hustle: a note on the local. *Inter-Asia Cultural Studies*, 6 (2).

电影，指出中西文化在影片中的交汇、融合以及文化本性在电影中的决定性作用。杨静立足周星驰《功夫》和王家卫《一代宗师》（2013）两部武侠电影，阐述了香港的后殖民现实，唤起文化记忆以应对在地方、国家和全球语境下的新挑战，探索在中国传统与全球融合协调中构建市民社会的意义①。

由此可见，学者们对电影美学和文化这两大母题关注较多，但没有从作为介质的身体维度深入剖析《功夫》中各人物的文化身份建构。本文拟以"身体"概念为切入点，分析性别维度下的主要人物身体的颠覆性，丑角的"狂欢化"探究，并探析身体之于文化身份的建构。

一　身体理论综述

柏拉图认为灵魂受困于身体，正因为有了死亡，灵魂才得以获得自由，灵魂才能开启纯粹的智慧与真理之旅，这样的身体是灵魂的障碍，需要刻意地压制。笛卡尔主张"我思故我在"，此时的身体被直接漠视，身体与灵魂是二元对立的。直到尼采的出现，身体的地位才开始凸显，可以自我做主。尼采认为"人首先是一个身体和动物性存在，理性只是这个身体上的附着物，一个小小'语词'"②，人与人的根本差异印刻在身体之上。福柯追随尼采的脚步，将身体作为其理论建构的起点，各类权力和历史演绎聚焦在身体之上，一方面，身体书写了历史，成为重要的解释力量；另一方面，权力和历史也在不断解构和重塑身体。今天的惩罚制度，"最终涉及的总是肉体，即肉体及

---

① Yang, J. Martial Arts Cinema in Civil Society of Postcolonial Hong Kong: Kung Fu Hustle and The Grandmaster. *Critical Arts-South-North Cultural and Media Studies*, 34 (6).

② 汪民安：《身体、空间与后现代性》，江苏人民出版社，2006。

其力量、它们的可利用性和可驯服性、对它们的安排和征服"①。身体也总是被卷入政治领域中，"权力关系直接控制它，干预它，给它打上标记，训练它，折磨它，强迫它完成某些任务、表现某些仪式和发出某些信号"。权力具有对身体的改造功能，身体作为一种生产能力被权力所支配和控制，由此，一部身体被惩罚、被驯服的生产主义的历史便诞生了。梅洛庞蒂从现象学角度出发，认为"在20世纪，人们修正和深化了肉体，即有生命的身体的概念"②，身体逐渐摆脱了意识的桎梏。当代社会语境下，身体研究横跨人类学、社会学、历史学、文化研究等领域，西方学者开始探究身体的现代性，如克里斯·希林的《身体与社会理论》关于身体、自我认同与死亡洞察③，约翰·奥尼尔的《身体形态》提出了现代社会的五种身体：世界身体、社会身体、政治身体、消费身体、医学身体，建构了微观世界的文化实践④。

与西方传统关于身体的历史变迁不同，中国先秦儒学主张一元论，即身体与心灵融合为一体，身与心的边界模糊，诚如《淮南子·氾论训》"圣人以身体之"、《礼记·中庸》"力行近乎仁"，强调身体力行，亲身体验并认识、改造世界，因此，身体不再局限于客观的躯体，还包括潜在的身体。国内学者汪民安认为"心灵和身体并不是两个沟壑分明的领域，事实上，心灵被看作身体外在性的结果，或者说，身体的外在性本身就是心灵"⑤，这打破了传统意义上人作为一个符号体系的观念。人的意识通过身体表征，以证明人的存在，可以说身体与人的意识相互依赖。

---

① 〔法〕米歇尔·福柯：《规训与惩罚》（第5版），刘北成、杨远婴译，生活·读书·新知三联书店，2019。
② 〔法〕莫里斯·梅洛-庞蒂：《符号》，姜志辉译，商务印书馆，2003。
③ 〔英〕克里斯·希林：《身体与社会理论》（第2版），李康译，北京大学出版社，2010。
④ 〔美〕约翰·奥尼尔：《身体形态》，张旭春译，春风文艺出版社，1999。
⑤ 汪民安：《身体、空间与后现代性》，江苏人民出版社，2006。

此外，身体与身份紧密关联，身体是人类自我认同的核心元素，人的身份含义正是借助外部身体构建的。巴赫金认为"躯体作为价值在唯一而具体的世界里所占据的因主体而异的唯一位置。我的躯体基本上是内在躯体，他人躯体则基本上是外在躯体。"① 内在身体对应的是"自我"的内部状态和体验，即所有与"自我"相关的直接的情感意志都属于内在身体范畴。外在身体对应的则是"他者"，"自我"是无法对自己和自己的身体进行评价的，必须通过"他者"的言语和行为作出，不断建构"自我"的身体。身体具有开放性，且这种开放性特质模糊了身体与世界的边界，你中有我，我中有你，即自我与他者的关系、自我与世界的关系都交融于身体存在。巴赫金的身体理论包括两种身体建构行为：一是"自我"与"他者"主体间的个体身体建构行为，二是集体的积极建构巨大身体的行为，这两种行为彼此包容，融为一体。

"身体功能具有建构和颠覆的双重文化内涵。"② 一方面，身体的生理功能，比如饮食、排泄、性以及生死，是民间文化的核心组成部分，与严肃的官方文化格格不入，难登大雅之堂，具有颠覆性特质；另一方面，个体身体的建构最终须融入巨大身体的建构之中。我们可以说，身体不断被颠覆，其终极目标是建构一个完整的身体，颠覆与建构相辅相成。动态的、持续的建构过程表达了身体与身体之外的世界的关系，巴赫金指出"我在世界中所处的唯一位置——能动发源的位置，所有思考到的空间关系和时间关系，都找到了价值的中心，并围绕这个中心形成某种稳定的具体的建构"③。

---

① 巴赫金：《巴赫金全集》（第一卷），晓河、贾泽林、张杰、樊锦鑫等译，河北教育出版社，2009。
② 秦勇：《巴赫金躯体理论研究》，中国社会科学出版社，2009。
③ 秦勇：《巴赫金躯体理论研究》，中国社会科学出版社，2009。

本文试图探究影片《功夫》中的主要人物角色的身体如何进行解构与颠覆，内部、外部身体如何形成统一，并建构自我身体的文化身份？

二 身体的解构性

(一) 性别

影片中有多名女性角色，比如龅牙珍、鳄鱼帮夫人以及包租婆，其中包租婆的身体特征尤为突出——一头卷发棒、嘴上叼着一根烟、大象腿、水桶腰，在外形上毫无魅力可言，可她却有一个美丽的名字——黄蓉。但凡读过金庸小说《射雕英雄传》的人都被黄蓉的美丽大方、聪明伶俐所吸引，可以说，"黄蓉"这个名字是一种符号象征。然而，"黄蓉"符号原有的外在身体的表征——"梦中情人"的形象在影片中却被解构、颠覆，重构了一种完全相反的中年黄蓉形象。影片中，包租公郭靖买早餐时调戏龅牙珍，被包租婆抓包，直接拎他回家，接着就是一顿噼里啪啦暴打，随后像垃圾一样被从窗户扔下来，再来一盆白色玫瑰花砸下来。对比包租公调戏女子后身体受训诫、惩罚的下场，包租婆牢牢掌握"自我"的生活，主动出击。影片中，包租婆大清早关水闸，下楼嘴炮，直接一拳将酱爆哥打倒，然后回怼说他"别以为你长得帅就不打你"。这段情节表明包租婆的身体是强者的身体，具有绝对的权威，她制定规制，展示了中年女性主动满足自身欲望的形象。包租婆的生活由她自己做主，女性不再是传统观念中身体属于他者欲求的对象，不再是被动训诫的对象，而是处于主动攻击的位置。无论是她点火抽烟、吐口水，还是暴打包租公郭靖等泼辣行为，与她的身体相关的一切都由她自己控制，这些身体所表达的语言，属于身体的延伸。显然，在包租婆的身体上，女性的柔美、温顺、害羞气质荡然无存，相反她的男性气质显著。

与包租婆身体形成鲜明对比的是鳄鱼帮夫人身体的"S曲线"。她走路时，柔软细腰摇曳撩人心弦，风情万种；哭泣时，大大的眼睛楚楚动人。传统男性审美视域下，她的身体尽显女性气质。影片中，梳着油亮的大背头、满口大黑牙的斧头帮老大琛哥对这位大嫂言而无信，直接一枪击毙，毫不怜香惜玉。对此，我们可从两个视角对该情节进行解构。一方面，从斧头帮老大视角上看，他将"他者"鳄鱼帮夫人降格，美丽的身体对他而言毫无意义，颠覆了传统男性审美观念；另一方面，在"他者"眼中，斧头帮老大的外在身体是瘦弱的，随便抡两下斧头就汗流浃背，病恹恹、毫无武力值，而实际上他的"自我"意识强大，能成为斧头帮老大，显然是"内在身体"绝对强大，依赖头部脑力而上位。

传统社会，男性身体较女性强壮，他们的身体归属于与劳动和对抗相关的世界。影片中，有表现男性气质的男性身体镜头，比如十二路谭腿苦力强健硕的肌肉，五郎八卦棍阿鬼耍棍和杨家将枪时所展现的武力值，是妥妥的"靠得住"的男性。但还有一些人物则是具有女性气质的男性角色，比如包租公郭靖所表现的外在形象——头戴女性常用的发卡，竹竿式的身材。影片中，包租公与包租婆进行身体对抗时，武力值弱爆，显然他是一个具有从属性、依附性的角色。

从影片中的男一号阿星的外形上看，像根豆芽菜，是一个边缘人物、弱势个体，但结局却是一位拯救全人类的英雄。从这点上说，可超越身体表象进行深度解构，将依附性进行颠覆，重新建构人物身份形象。对自我的认识与反思构成"内在身体"的核心内容。阿星从小梦想成为"拯救世界和平"的超级大侠，有强大的自我意识，为此愿意花去全部积蓄从乞丐手中购买一本武功秘籍"如来神掌"，起早贪黑地练习，在拯救哑女阿芳时，实力较弱，被一群坏孩子侮辱、殴打，从而暴露出了"他者"眼中设定的阿星"外在身体"的价值——武力值较弱。自那以后，阿星的梦想破灭，开始行骗、耍嘴皮，深谙"做好人没好报"，混迹于社会底层。现实中，阿星"外在身体"的武力值太弱，于是有了自嘲、自解、自我陶醉等种种表现，变成了一位典型的阿Q，即当遇上强者，身体被暴揍后，即刻忘却，使用精神胜利法进行自我安慰。他公然挑衅猪笼城寨，发现寨民的武力值过强时，堂而皇之地说"没有一个像人的，是你们自己不争气的噢，今天的决斗取消了。"同时，他处处寻找弱者，借此寻求其"内在身体"欲望的满足感。影片中，阿星在公共汽车上挑衅四眼仔，认为他是弱者可以欺负。当他用身体摆出眼镜蛇招式吓唬四眼仔时，四眼仔直接上手一巴掌扇了阿星的脸，并按头暴揍。阿星灰溜溜下车后，还不忘嘴上占便宜"你下车，我就打爆你的眼镜，下车!"碰上哑女阿芳摊位，打劫她。哑女拿出一个盒子，并用手语告诉阿星"你记得我吗？以前你救过我的。"哑女以德报怨，让星仔的内心触底反弹，唤醒了他最初的"内在身体"。"他者"是外在身体的基石，只有利用"他者"的外位观照，才能对"自我"的身体有完整的体验。在"他者"哑女的眼中，阿星的"外在身体"价值是崇高的、善良的、正义的。阿星与哑女四目相对，黑白的童年记忆中出现了一个七彩波板糖，预示着他"内在身体"中的善良种子复苏了，阿星逐步走向善的一面，最后发展到"至善"，"我不入地狱，谁入地狱"，以一己之力战胜火云邪神。

"整个时间性、延续性表示着'尚未实现'、'尚未终结'、'尚未全部'，并以此与涵义相对立，只有这样才能面对涵义而体验时间性，体验内心存在的现实。"[1] 纵观阿星的成长历程，在时间维度上，其内

---

[1] 巴赫金:《巴赫金全集》(第一卷)，晓河、贾泽林、张杰、樊锦鑫等译，河北教育出版社，2009。

心的变化正是自我身体不断被解构和颠覆的过程。小男孩的"内在身体"具有"拯救全人类"的梦想，在坏孩子"外在身体"眼中这种想法是蚍蜉撼大树；成年后的阿星，"内在身体"只想做个响当当的坏人，实际情况用他自己的话讲"这么久以来，杀人放火强奸非礼，没有一次你能做得到"；可在哑女"外在身体"的眼中，阿星依旧保持着"拯救全人类"梦想的形象；阿星最初与火云邪神对抗时，"外在身体"依旧是自不量力，被打得面目全非，在意外被打通任督二脉后，阿星的身体在物理形式上被解构，从而获得新生，进而重新建构身体，练成盖世神功——如来神掌，此时，阿星通过"内在身体"与"外在身体"互相确证，构建了一个完整的身体。

（二）丑角

"无赖、小丑和傻瓜往往作为文学情节中的异质性人物出现在作品中，他们与故事主题格格不入，甚至被视为作品中的杂质，与此同时，他们又仿佛属于另一个文本外的世界，插科打诨构成了这类丑角的标志性语言风格。"[1] 影片中，露半截屁股的酱爆哥、龅牙妹阿珍、衣衫褴褛的老乞丐显然都是属于这一类丑角，他们具有天然的异质性，游离于影片主题之外，他们通过生动的语言与夸张的身体动作，采用降格的方式取悦观众，塑造了一种怪诞可笑的形象。"巴赫金看来，怪诞艺术与狂欢节庆中的丑角意义并无二致，都表现了蕴涵在民众心中、与生俱来的否定性的'大无畏'精神。"[2] 影片中的酱爆哥大清早蹲在地上洗头，洗到一半时包租婆突然将水闸关了，肥皂泡缓缓地从头上流下来，于是他起身，露着半截屁股对着包租婆大声抗议。

---

[1] 毕晓：《丑角的文学外在性——巴赫金时空体理论对列维纳斯外在性思想的一种扩展性解读》，《福建论坛》（人文社会科学版）2022 年第 1 期。

[2] 秦勇：《"丑角地形学"——巴赫金的一种独特的文学理论》，《常德师范学院学报》（社会科学版）2003 第 1 期。

此时的酱爆哥塑造了极端窘迫与理直气壮兼而有之的人物形象，一方面敢于站出来反抗具有强大武力值的包租婆，另一方面其身体上部头上一直往下流的白色泡泡和身体下部白屁股形成鲜明的对比。另一处场景中，阿星与肥仔聪冒充斧头帮想敲诈勒索酱爆哥，他淡定自若的一句"不成就算杀了一个我，还有千千万万个我"，引得整个城寨的租客立刻涌向阿星。这些戏谑、夸张的手法完美呈现了丑角人物的怪诞可笑，但同时也具有反抗权威、不畏强权的象征意义。"在丑角的狂欢世界中没有等级差距，人与人平等地交往，畅所欲言，因而丑角的笑和丑角引发的笑是无所畏惧的笑，是有着丰富内涵的笑，代表着个体与集体在和谐一致的自由基础上的极度欢乐。"[1] 影片中的丑角坦然地释放真挚的情感，融入了斧头帮也没兴趣的贫困社区——猪笼城寨，营造出一片安宁与祥和的氛围。

汉斯·罗伯特·耀斯在《审美经验与文学解释学》一书中指出，丑角天然地"具有快感原则的积极肯定的性质，他战胜了自己的恐惧并且在传播非官方的真理中发挥作用，由此在公众之间创造一个其乐融融的和睦局面"[2]。同理，我们可以说，影片中的丑角天然地站到了平民大众一面，他们通过引发笑来战胜恐惧，体现城寨租客的反抗意识，颠覆强权、黑暗势力。

基于上述分析，我们可以说，不论是男女的身体，还是丑角的身体，通过解构和颠覆，黑暗势力下被压抑贬低的身体下部在影片的狂欢化叙事中被提升到了身体上部，"上"与"下"被颠倒过来。影片中，"下"的身体表现为猪笼城寨的包租公包租婆与租客的性调戏、

---

[1] 秦勇：《"丑角地形学"——巴赫金的一种独特的文学理论》，《常德师范学院学报》（社会科学版）2003年第1期。
[2] 〔德〕汉斯·罗伯特·耀斯：《审美经验与文学解释学》，顾建光、顾静宇、张乐天译，上海译文出版社，1997。

洗澡、吃、穿等嬉笑怒骂的日常生活，与之对应的是"上"的身体表现手法：强大恶势力——斧头帮，黑白穿戴、整齐划一、人手一把斧头、斧头文身等，体现的是严格的、令人恐惧的等级秩序。

三　身体之于文化身份的建构与认同

（一）族群性：侠义

"从先秦韩非的《五蠹》，到西汉司马迁的《史记·游侠列传》；从魏晋曹植的《游侠篇》到唐代李白的《侠客行》；从唐传奇的《虬髯客传》再到明清小说"[1]，沿着这条历史记录时间轴，"侠义精神"慢慢融入中国人的血液，编织成一个关于"侠义"的生活梦想。"'侠'为奉天殉道，济贫扶弱，'义'为守德仁善，理智忠信。"[2] 因此，对于"侠客"族群的界定，不仅仅是武功卓绝，更重要的是为人仗义、乐于助人。侠客大多是平头百姓，在面对强权时，采取暴力反抗，伸张正义，主张自卫战争。他们做到"无功、无名、无己"，惩恶扬善，通过"武"实现"侠义"，即手段与目的合二为一，建构这个特殊族群的身份。

《功夫》作为一部武侠电影，借助中国传统侠客的行道之术"武"——身体的动作，完美地诠释了侠客之道——"侠义精神"。影片中，猪笼城寨是一个游离于主流社会的"江湖"，包租婆、包租公夫妇享有绝对权力，但维持猪笼城寨正常秩序的是一套以"侠义"为中心的社会行为规范。三侠客——十二路谭腿苦力强、洪家铁线拳阿

---

[1] 傅守祥、姜文：《武侠电影的审美偏差与侠义精神的失落——从张艺谋的〈影〉说开去》，《中国文艺评论》2019 年第 5 期。

[2] 黄华、纪士欣：《论华语武侠电影的"西进"历程》，《电影文学》2021 年第 20 期。

胜、五郎八卦棍阿鬼，以及包租婆、包租公夫妇甘于生活在猪笼城寨，过着普通人的生活。当斧头帮在猪笼城寨中寻衅动武，准备滥杀无辜时，他们从最初的沉默，任人欺压，到一忍再忍，最后迫不得已，为了救无辜的妇孺，挺身而出。当斧头帮聘请的两位职业盲人杀手暗中偷袭，三侠客命悬一线时，粗野世俗的包租公、包租婆见义勇为，使用狮吼功和太极拳打败了音波功；斗争结束后，包租婆尽显武德，并没有对斧头帮老大痛下杀手，而是以警告威胁的方式放走斧头帮，这也表现出其侠骨柔情，高手的仁爱之心，得饶人处且饶人。针对斧头帮的强权暴力，包公婆、包租公夫妇从最初的隐忍，到为了主持正义先发制人，给予斧头帮猛烈的反击，其根本诉求是希望猪笼城寨回归宁静祥和的生活。与斧头帮多次的斗争使他们在"他者"眼中成了"侠义精神"的化身，建构了自身的文化身份。

（二）人性本质：善与恶

身体具有伦理指向，"巴赫金从伦理哲学的角度，思考了人的存在，他存在的基础，即他的行为的事件性，由此而产生人的主体的参与性、积极性，道德上的责任性与应分性。"[1] 这一点与中华传统文化思想有相通之处。行为的善恶评价在巴赫金看来是由"应分本身所支配"[2]，"当它属于纯粹的道德行为时"，"自我"在进行反思中"开始界定我自己，也会确定我的规定性"[3]。从这点上说，也是在建构自我的文化身份。

---

[1] 巴赫金：《巴赫金全集》（第一卷），晓河、贾泽林、张杰、樊锦鑫等译，河北教育出版社，2009。

[2] 巴赫金：《巴赫金全集》（第一卷），晓河、贾泽林、张杰、樊锦鑫等译，河北教育出版社，2009。

[3] 巴赫金：《巴赫金全集》（第一卷），晓河、贾泽林、张杰、樊锦鑫等译，河北教育出版社，2009。

作为影片中恶的代表——"终极杀人王"火云邪神,醉心于武功,走火入魔,因为厌倦没有对手的生活,隐居在"不正常人类研究中心",实现"自我身体"的价值含义,即练就绝世武功。火云邪神需要向"他者"展示自我的身体,通过"他者"对其功夫的认知,才能真正地获得自我身份认同。然而,火云邪神虽有出神入化的绝世武功,但并不能被称为"武林高手"。电影《一代宗师》中,宫二与叶问谈及自己对武学的反思,"见自己,见天地,见众生。"火云邪神终其大半生看不到芸芸众生,眼里只见自己,为了追求武林第一,甚至与作恶嚣张的斧头帮同流合污,一念为恶,不讲武德,主要表现在两次对抗中:第一次是包租公、包租婆使用大钟增强狮吼功威力,成功击倒火云邪神时,他刚说完"小弟甘拜下风",便马上使出金花暗器;第二次是阿星使用大日如来佛掌打败火云邪神时,他表面上服输,但实际上毫无诚信,使用暗器。在阿星变成绝对的强者,将金花暗器变成莲花,传播善意时,火云邪神才真正意识到"内在身体"的问题,想向阿星拜师学艺,有一种"放下屠刀、立地成佛"的意愿。两具身体,一善一恶,进行交流,展开对话,彼此确证对方的存在意义。阿星的身体重生之时,有了真正的善,后来便有了恶屈从于善。

影片中,七彩波板糖作为"善"的象征符号,是阿星与阿芳两人主体意识的触动媒介,具有双重含义:第一,它几乎是所有人童年时的美好回忆,带来了不同知觉的体验,香甜美味、七彩美丽,象征着童年的纯真与美好;第二,它是"善"的意义投射,始终是阿星和阿芳从童年到成年的成长过程中那一束灿烂的阳光,照亮并温暖着他俩的内心。对于阿星而言,它是曾经的美好愿望、拯救全人类的初心;对哑女阿芳而言,因为阿星的出手相救,让她相信这个世界是美好的。七彩波板糖是推动故事情节发展、转折的重要线索。伴随着三次七彩波板糖的出现，阿星的自我身体的意识形态发生了重大变化，并迎来了人生的转折点。阿星与阿芳借助波板糖，进行心灵沟通，开启了两人的相识、相离与相知，时光如梭，从过去到现在，从完整到破裂再到修复，尽管有了裂痕的产生，但见证了阿星主体意识的发展变化，结尾以阿星所开的糖果店替代那根摔碎的波板糖，预示着阿星内心已经坚定了善良的信念。相对于波板糖的外形变化——碎裂，波板糖的斑斓色彩却是不变的，这象征着阿芳始终坚信生活的美好。影片通过彩色波板糖的变与不变的镜头切换，善的主题慢慢升华，一颗善的种子在阿星心里生根发芽、茁壮成长。

"建构价值的时空是一种我与他人伦理关系意义上的时空"[1]，阿星的主体意识形态随着时空的变化而变化，善良与邪恶的力量在其内心进行着较量，最终产生蜕变，破茧成蝶，获得重生，身体突破现实空间，预示着时间与空间的融合，这也是生存意义的探寻和自我身份认同的动态过程，从童年时的梦想"惩恶扬善，拯救全人类"，到其遭到坏孩子欺辱后认为好人没好报，产生"要做坏人"的想法，再到青年时与哑女阿芳的重逢，在回忆交叠的时空体中，阿星的眼里有了众生，逐步建构自我身体，最终找回初心"善"，确证了自我的身份认同。

四 结语

电影《功夫》中各人物角色凭借身体交流、对抗，解构主体身份，主要表现为对具有男性气质的女性身体与具有女性气质的男性身体剖析，颠覆传统、既定的权威和秩序，这既是解构的过程，又是建

---

[1] 秦勇：《巴赫金躯体理论研究》，中国社会科学出版社，2009。

构的过程。同时，自我身体是不完美的，需要借助"他者"的观照及价值赋予，即"一个人在审美上绝对地需要一个他人，需要他人的观照、记忆、集中和整合的能动性。"① 通过身体时空体，引入"他者"视角，建构各人物角色的文化身份，影片中体现了中华传统文化的核心思想——侠义与善良。

---

① 巴赫金：《巴赫金全集》（第一卷），晓河、贾泽林、张杰、樊锦鑫等译，河北教育出版社，2009。

光影中的狂欢[*]

——香港喜剧电影文化身份研究

于雪莹[**]

摘　要：20世纪70年代之后，香港喜剧电影经历了其产业发展的"黄金时代"。喜剧电影在传承过程中加入了"功夫""卧底""商务"等元素，形成了一种独特的娱乐类型，并一直延续至今。大量夸张、幽默的肢体表现成为香港喜剧电影的突出特点，形成了"功夫喜剧""无厘头喜剧"等独具特色的香港电影类型。喜剧片的成功反映了香港居民娱乐至上的文化心理。20世纪70年代至90年代，香港喜剧从传统的表演方式过渡到更成熟的表演风格，反映了人们生活方式和社会心态的变化。香港以外地区的喜剧电影缺乏香港电影中"身体狂欢"的独特气质，这使得香港喜剧片具有明显的"本土化"特质。

关键词：狂欢理论；香港电影；喜剧片；文化身份

首部香港喜剧电影《偷烧鸭》首映于1909年。一个多世纪以来，

---

[*] 项目资助：广东省哲学社会科学规划2022年度项目外语学科专项"比较文化视域下中国话语体系的思维路径"（GD22WZX01-07）。
[**] 于雪莹，广东金融学院外国语言与文化学院讲师，博士。

喜剧电影一直在香港和东南亚的娱乐圈占据重要地位。在历史上，香港喜剧电影一直是"无厘头"的代名词。"无厘头"在中国内地等华语地区流行的关键因素也契合香港电影产业和社会背景。自20世纪70年代以来，香港喜剧电影呈现从"黄金时代"开始一直延续到20世纪90年代的一贯趋势，并逐渐转向以肢体动作作为创造幽默的主要元素。这一转变不仅受到香港电影人的影响，也反映了香港人的生活方式和社会心理。20世纪90年代，香港经济面临波动，这一时期，香港居民的自我认同变得复杂，社会政治经济的变化导致认同感的脱节和迷失。因此，许多人转向纷乱热闹的"无厘头"类型电影，以此来排解漫无目的的感觉。各方因素加之周星驰的创作推广了"无厘头"喜剧类型的传播，周星驰也因此成为其代表人物。

一　时代造就的香港喜剧电影风格

20世纪70年代，香港喜剧电影的类型层出不穷，不断演变，达到了发展的黄金阶段。警匪、爱情、鬼怪等都被染上了喜剧色彩。影片将喜剧题材与武打、神怪等元素融为一体，创造出一部充满活力和魅力的影片。武术为影片增添了幽默和活力，而超自然元素则增强了影片的神秘氛围。因此，以武侠和鬼怪为主题的喜剧电影开始受到大众的关注。在此期间，出现了几部反响较好的著名港产喜剧电影，包括周星驰的《功夫》和《少林足球》。这些电影在传统的"无厘头"喜剧风格中融入了武术元素，展示了香港各个时代的武术文化，继20世纪70年代的"功夫片"后再次将香港喜剧电影推向了全球视野。进入21世纪，香港与内地的合拍协议使香港喜剧电影发生了转变，从"无厘头"风格转向动作、语言和人物塑造的新方向。这种转变促使香港喜剧电影在突破创新中寻求转型和发展。周星驰的喜剧电影也转向新的方向，以不同的电影手法迎合内地观众的口味。

从 1999 年周星驰的电影《喜剧之王》到 2019 年的《新喜剧之王》，香港喜剧电影的演变反映了多年来喜剧手法的变化。《喜剧之王》是在香港面临回归抉择的历史关键时期推出的。故事内容，尤其是主人公尹天仇和柳飘飘的漂泊和奋斗经历，反映了那个时代香港人动荡不安的状态。电影中看似荒诞的不经意的趣味交流，让香港人暂时摆脱了暗淡的现实生活，在电影领域找到了心灵的慰藉和情感的共鸣。而《新喜剧之王》在中国内地首映时，已经是中国互联网飞速发展的时期。在 20 年后经济高速发展的时代，电影必须以新的风格、有别于 20 世纪的内容呈现给内地观众。《新喜剧之王》体现了内地喜剧电影的典型特征，以独特的方式将欢乐与感动融为一体，越来越贴近内地喜剧电影的表演风格。2010 年以来，香港喜剧电影逐渐摒弃了周星驰的夸张风格，转而注重更加现实、宏大的叙事，不仅关注个人生活，更强调社会主题。这一转变与香港政治和经济状况的改变息息相关。娱乐业作为经济的一个重要部门，受到本地经济和文化环境的影响，这也塑造了其不断变化的艺术审美和价值观。21 世纪的香港电影虽然经历了繁荣过后的衰落，甚至出现了"港片已死"的论调，但其成熟的产业体系和独特的审美形态，为其后续发展提供了坚实的基础和内在的生命力。

二 香港喜剧电影的狂欢精神

香港喜剧电影重商业娱乐，轻文化精神，体现了后现代娱乐的精髓。后现代语境下，解构与内化成为香港电影创作中常见的自我表达手段。对于相似的内容情节，港产创作擅长借助性别错位、与网络文化交织等效果，与现实实现互动、补充、反讽。浮夸的语言、人物表情、肢体动作、戏仿和恶搞等常见的喜剧元素的运用,为观众带来心理上的满足愉悦,甚至高峰体验,引发观众反复爆笑。这一方法的使用,使得幽默的效果瓦解了主流价值观,这也将巴赫金的狂欢思想发挥到了极致。起源于中世纪的民间狂欢节传统,通过不同的艺术形式、仪式活动等创造出了被巴赫金称为"广场语言"的语言类型。这种语言不同于日常的话语类型,以发誓赌咒、拜神祛魅为主,以及所谓的"巴黎的吃喝"[1]。这些语言极尽戏仿和反讽的功能,正面、反面、高级、低俗、赞美、谩骂都包含其中。它们"从正反两方面的,从下半身物质到等级约束,以及与一般语言的一切条条框框有着内在的联系,成了一种仿佛特殊的、反对官方语言的黑话"[2]。这种特殊的语言体现的是对权威话语和独白的一种去殖民化和降解,揭示了这些交流形式的片面性和封闭性。在狂欢节上,人们以无拘无束甚至超越正常行为的亲密无间的方式相互接触,通过对肉体(怪诞的肉体)的使用,也表现出对"自以为不可动摇和永恒的东西"的蔑视和嘲讽[3]。从这个意义上看,狂欢节虽然是来自日常生活的仪式,但由于它对日常生活的批判和讽刺,使得其呈现的是不同于当下的,一个断裂的时空。

在巴赫金的狂欢理论框架内,"狂欢世界的感觉"这一表述被细分为四种不同的类型。第一类是"随意而亲密的接触",可以理解为"被废除的是等级制度""人与人之间的任何距离都不复存在"。第二类是"插科打诨",这意味着人的行为、姿态和语言摆脱了等级地位的束缚,"人与人之间形成了一种新型的相互关系"。第三类是"顺

---

[1] 〔俄〕巴赫金:《拉伯雷的创作与中世纪和文艺复兴时期的民间文化》,《巴赫金全集》(第六卷),李兆林、夏忠宪等译,河北教育出版社,1998。
[2] 〔俄〕巴赫金:《诗学与访谈》,白春仁、顾亚铃等译,河北教育出版社,1998。
[3] 程正民:《巴赫金的文化诗学》,北京师范大学出版社,2001。

从"，主要是指"拉近神圣与庸俗、崇高与卑微、伟大与渺小、智慧与愚昧等之间的距离"。第四类被称为"庸俗"，包括"狂喜的亵渎和不敬"以及"对圣典和箴言的戏仿和嘲弄"等。除此之外，巴赫金还特别提到，"狂欢节的主要仪式是戏谑性地为狂欢节之王加冕，随后又为之解冕"。①狂欢化是民众情绪的定期宣泄和释放，看似非理性的行为非但不会对现有秩序造成任何威胁，反而会缓解民众内心的压力和积怨，宣泄压抑已久的社会忧虑。狂欢化是一种有利于情绪表达的社会表现形式。这种特殊的宣泄方式是维护现存秩序的独特方法，也正是这个原因，教会能够允许狂欢节存在并允许民众参与相关的活动。在当代，即使"狂欢化"一词已越来越失去其与宗教意义的联系，转而成为大众文化的代名词，但"狂欢化"是一种常见的世界形象，它消除了人们对世界的恐惧，拉近了世界与人们的距离。这是因为"狂欢化"，人们为世界的演变欢呼雀跃，一切都变得合理而愉快。这种方式打破了僵化的生活现状，以跳脱于世俗之外的眼光去审视既有的绝对化的社会秩序，"正是从这种庄严的官方主义中，狂欢化的世界感解放了人们"。②

香港电影是巴赫金的文化狂欢理论和喜剧成分得以有效观察的一个很好的例子。例如，周星驰导演的电影《食神》利用性别错位等手法颠覆了表演者的形象。此外，影片还利用幽默戏谑等手法，通过人物的言行建立了一个颠覆的"笑"的社会，意在瓦解权威体系。在香港喜剧中，人物形象的颠覆成为制造喜剧效果的常用手段。在1993年上映的《唐伯虎点秋香》中，秋香最初被塑造成与《射雕英雄传》中的小龙女一样，具有超凡脱俗气质的"圣女"，但最终与世俗的唐伯

---

① 转引自程正民《巴赫金的文化诗学》，北京师范大学出版社，2001。
② 李文宁：《狂欢化理论的渊源与发展》，华中师范大学，2009。

虎成亲，进入凡间。在喜剧创作中，通过对传统女性形象的取笑来展开情节，已经成为一种典型的创作手法。因此，香港喜剧电影打造了一个不同于日常秩序化世界的颠倒空间，一个让平民有更多话语权力的世界。在这个世界中，不同身份、阶级之间的边界模糊，权势、地位，乃至性别、身世都不再是一成不变的。颠倒、嘲弄、戏弄和扭曲了所有神圣的事物和日常生活的正常逻辑。[①]

三　香港喜剧电影中的文化身份

人们普遍认为，香港社会奉行消费主义文化，娱乐至上，喜剧电影的最终目的是博得观众一笑，取悦观众，而无须附加任何社会价值或教化功能。正因为广泛的兼容性和表达的自在性，所有能引起喜剧效果的类型片元素都被香港喜剧电影借鉴、吸收，运用其中。但不可否认的是，因为香港特殊的历史和地理原因，在香港这样一个难以建立伟大历史叙事的地方，影像媒介已成为传播"香港故事"和建立"集体记忆"的重要载体。香港电影与香港社会保持着密切的关系，甚至间接完成了香港"影像民族志"的建构，是香港社会"集体无意识"的外化。

香港电影业是一种文化传媒，情境、人物、对白、动作等组成部分，都参与到人物刻画、情节发展等创作过程中。对于表演者来说，动作和台词是刻画人物形象的重要工具。演员在有声表演时，更容易对台词文本进行二次加工，这就导致了表演的空间相对有限，因为台词通常是由编剧创作的文本。因此，肢体动作的管理，包括动作的节奏和幅度，是表演中自由度最大的技巧。这种技巧可以揭示演员的个

---

① 谢群山：《浅析巴赫金狂欢理论的适用性》，《文艺生活》2014 年第 4 期。

性特征。夸张和扭曲的肢体动作能力是所有专业喜剧演员的共同技能。"肢体狂欢"是香港喜剧电影中狂欢式表演的个性化特征，也是电影初期的特征。这些特质是通过肢体动作的夸张和变形来实现的。台词的喜剧性表达，尤其是粤语方言的独特性，已逐渐演变成一种产生搞笑效果的有效方法。

（一）依据喜剧情境建构身份

香港喜剧电影主要的情境生产模式是将相对独立的剧情借助堆砌笑料串联起来，即在保持故事主体完整的前提下，又各自形成"串珠"式的喜剧场景。这些电影的故事结构一般都比较松散，电影的大部分内容都是建立在搞笑片段的串珠结构上的。因此，只要不影响故事的整体主题，并能起到引人发笑的效果，就可以充分利用喜剧动作场面。模仿、游戏、卡通式的动作表演被大量运用，衍生出一系列搞笑喜剧情节，产生喜剧效果。这是因为香港喜剧的动作没有过多的逻辑限制，可以有更自由、更多样的表现形式。"喜剧情境"是喜剧的基本组成部分，通常由一系列模式产生。这些模式包括人物身份的错位和颠倒、人物之间微妙的互动、人物语言以及动作成分。在大多数情况下，香港喜剧中的幽默情节及其所反映的文化身份是由人物的行为和动作所构建的。[①] 在周星驰的电影《功夫》中，人物的身份频繁地转换，人物夸张的语言和动作也被频繁地使用，错综复杂。

以周星驰的电影《功夫》为例，普通的追逐场景，却表现为包租婆与周星驰之间脚踩风火轮的夸张表演。这一幕独立于日常生活之外的场景，配合演员浮夸动作的表演，产生了强烈的喜剧效果。在早期许冠文和成龙的喜剧中，追逐逃跑的场景屡见不鲜，除引发视觉冲击、制造紧张刺激感之外，蕴含着更为深刻的社会意义。许冠文和成龙通

---

① 韩骏伟：《情景喜剧的审美特征》，《电视研究》2003年第9期。

常演绎的是被欺侮、被同情的小人物，他们的全力奔跑，要么是为了保全性命，要么是为了追求真相。观众随着人物陷入追逐的狂热中，会产生紧张、兴奋、不知所措的感觉，最终冲破障碍，经过努力奔跑追寻自己的身份，从而摆脱目前的焦虑困境。

在香港喜剧中，躲藏经常被用作建立欢乐情境的手段，而且往往是与追逐相辅相成的策略。例如，在电影《九品芝麻官》中，被迫藏身妓院床下的包龙星与躲藏多时的皇帝面对面，两种截然不同的身份，却在这个尴尬和狭隘的空间里形成被迫的认同，由此造成了强烈的幽默效果。再如，《赌神2》中经典的"捉迷藏"情节中，梁家辉躲在一个立式大钟里，惊恐万分。他将自己伪装成表盘，躲过追杀。另一个由徐锦江饰演的角色在走投无路的情况下，暂时失去了身份的掩饰，随即化身为著名的雕塑"思想者"。依靠创作者非凡的想象力，不同身份的人挤在同一个角落。观众感知到的不只是普通的藏匿场景，而是解构了权威的"后现代主义"情境。由此可见，颠覆权威也成为香港人寻找和建构自我身份的常见方式。

以功夫片著称的香港电影，武打效果和动作在各种喜剧片，尤其是功夫喜剧片中被反复运用。双方甚至多方打斗的过程中，出其不意的招式、意想不到的收获都为制造喜剧效果创造了机会。例如，由成龙一人分饰两角的电影《双龙会》中，双胞胎兄弟意外进入了两个完全陌生的情境——一场钢琴演奏会和一场以死亡为结局的打斗。然而，由于双胞胎之间存在身体上的感应，助力他们创造奇迹，完成了难度极高的任务，以圆满方式收场。它来自荒诞喜剧的世界，所以它用近乎匪夷所思的"体感"这一概念，完成了自圆其说的逻辑。在今天看来，《双龙会》的喜剧效果难免粗糙生硬，但在1992年的语境中，香港人自己也不知如何面对即将到来的回归时刻，如何适应从殖民地到特别行政区的转变，即进入两个完全不同的场景，这令香港市民一筹莫展。正因为如此，香港人求助于无法解释的"体感"现象来进行预测，以达到寻求解决问题的目的。[1]

在香港这一笃信并践行"娱乐至上"的影视环境中，无论是编剧还是导演或者演员，他们将制造喜剧效果、增加包袱笑料作为创作的最高目标。被强行加入到喜剧情境中的一些不合理的安排，虽然造成了电影情节或叙事逻辑上的不合理，但这一创作手段也在无意中增强了香港喜剧电影情境中的混杂、拼贴和解构意味。

（二）依据粤语方言建构身份

动作和语言作为构成喜剧表演的两个部分，在不同时期的不同影片中都被赋予了各自的重要使命。同时香港电影中的许多经典台词，甚至已经内化成为日常用语。其中，粤语方言影视剧中的喜剧精神是最引人注目的。粤语影视剧在长期的发展过程中，创造性地积累了多种喜剧表现手法，包括题材选择、故事结构、细节安排，甚至道具使用等。这些方法的总体目标是为观众塑造大量的喜剧人物形象，自成一派。正因为如此，粤语方言才能够毫不费力地将人的经验转化为喜剧艺术，并将其人文精髓表现得淋漓尽致。

著名的粤语电影《七十二个房客》是一部于1973年上映的粤语讽刺喜剧。在获得邵氏电影版权后，这部电影被重拍。电影中充满有粤语方言特色的笑料和赌咒、有趣和独特的人物性格，反映出当时香港社会生活的不同特色。其中流传最久的就是"有水在水，没水散水"，意为"钱可以救灾，没有钱不能救灾"，引发粤语电影在香港拍摄的新高潮。此句中，"水"在中国传统文化中有许多不同的含义，广东话巧妙地借用典故来挖掘中国传统文化中隐藏的幽默元素。同时，它吸收了大量当代新鲜的娱乐元素，在语言上实现了令人惊喜、

---

[1] 汪民安、陈永国编《后身体：文化、权力和生命政治学》，吉林人民出版社，2003。

幽默、精彩的对话，具有一定的艺术品位。与普通话相比，"原生态方言"广东话活泼生动，而普通话由于受到主流文化的束缚，过于标准化，容易出现僵化和沉闷的倾向。广东话保留了民间话语俏皮、诙谐和幽默的特点，既充分展现了岭南独特的地域文化特征，也符合香港电影的创作理念，旨在表达人类的狂欢，维护自由快乐的生活。

随着周星驰"无厘头"喜剧风格的出现与成熟，充满粤语生命力的"无厘头"式对白逐渐形成引发学术思考的语言和文化现象。这种对白亲民且富于变化，看似不合逻辑的错乱表达，因为没有承载过多的文化内涵，简单易懂，成为引发笑声的主要原因。语言在艺术创作中，经常仅作为动作的补充和辅助，但语言与思想具有特殊关系，即语言是表达思想的媒介，是思想形成的载体。语言表达因不同的环境、理解力，在传达意义的过程中，输出者的技巧和信息接收者的自身体悟，都有可能造成信息传达的误解、曲解。因此，对于建构喜剧效果来说，与动作相比，语言对白较为隐晦、委婉，虽不及动作创造的视觉效果那般酣畅淋漓，但也增加了理解的快感。在后现代文化娱乐化的语境下，无论是创作者还是欣赏者，精神层面的深刻思考让位于简单快意的心理诉求，以此来消解对未来的不确定性。从这个意义上来说，粤语方言的使用暗合了香港喜剧电影的题材和场景以及社会功能，成为区别于其他地区的华语电影的地方，从而彰显自身"本港"特色。

四 结语

与世界其他区域的喜剧电影相比，例如卓别林的默片，香港电影以情境和语言为主要手段，凸显了"身体狂欢"的典型特征。作为造就香港喜剧电影巅峰与辉煌的"本土"印记，这一特征也在帮助瓶颈期的香港电影逐渐回归强势。

　　虽然人们普遍认为喜剧电影不需要承载太多的教化意义，但在新的时期与背景下，喜剧电影也越来越关注到现实写真，它所呈现的市井百态、个人内心乃至社会的躁狂或平静并不是空穴来风，更像是社会的缩影。例如，以"无厘头"见长的周星驰在其电影《长江七号》中展现的是农民工的形象和生活，其场景及内容并非虚构。经历了徘徊与反思、挣扎与改变，在娱乐至上的香港社会，喜剧电影如何更好地建构自己的文化身份，值得进一步思考和研究。

华文教育视角下广东宗祠文化的社会价值和活化应用研究

王衍军[*]

摘　要：宗祠是记录家族历史与传统文化的精神圣殿和信仰空间，是极具中国特色的一种文化现象，也是中国传统文化寄托的一个重要载体，在增进家国情怀、强化身份认同、增强爱国爱乡情感方面发挥着重要纽带作用。宗祠文化反映着中华民族血脉相承的道德规范和民族凝聚力，推动宗祠文化融入华文教育，对海外侨胞特别是华裔青少年进行华文教育，唤醒其深重的历史感、认同感和归属感，有助于增进他们对祖籍国的了解和认同，强化其华族意识和华族特性。

关键词：宗祠；宗祠文化；海外华裔；华文教育；文化认同

一　前言

华文教育是中华民族在海外的"留根工程"，发展海外华文教育，

---

[*] 王衍军，暨南大学华文学院/广东语言文化海外传承研究基地，文学博士，教授，博士生导师。

不仅有利于传播中华文化，保持民族特色，增进侨胞所在国家各族裔之间的了解和友谊，促进中国与世界各国的交流合作，而且有利于团结海外华侨华人，凝聚侨心，密切华人社会与祖籍国的联系，推动中华优秀文化走向世界，让世界了解中国。

广东是全国的侨务大省，生活在世界各地的广东籍人士就有3000多万人，占海外华人华侨的一半左右，遍及世界160多个国家和地区，岭南文化自然也随之传播至海外。如何妥善利用海外华人世代传承的岭南文化资源，尤其是其中具有根脉文化特质的宗祠文化，提升其对祖籍国的归属感和认同感，进而增强海内外中华民族共同体意识，自觉为中国经济建设和社会发展贡献力量，是亟待调研的紧迫课题。

习近平总书记指出："中华优秀传统文化是中华民族的'根'和'魂'，是最深厚的文化软实力，是中国特色社会主义植根的沃土，是我们在世界文化激荡中站稳脚跟的根基。"[①] 宗祠文化是极具中国特色的一种文化现象，也是中国传统文化寄托的一个重要载体和核心元素，但当前有关宗祠文化的研究，多是关注宗祠文化的传承发展、社会价值、建筑艺术、家训家规、族谱家史以及乡村振兴视野下的活化利用等，鲜有研究从华文教育的角度来分析和探讨宗祠文化的社会价值和教化功能。本文主要探讨如何利用祠堂文化资源提升海外华侨华人的华族文化认同。

二 宗祠系联海内外，世代传承同宗桑梓情

宗祠是中华民族特有的传统建筑，作为供奉、祭祀先祖牌位的场

---

① 新华网：《习近平在中共中央政治局第三十九次集体学习时强调　把中国文明历史研究引向深入　推动增强历史自觉坚定文化自信》，http://www.xinhuanet.com/2022-05/28/c_1128692207.htm。

所，是子孙后代慎终追远、饮水思源的孝思表现，因此，在广东各地乡村中，宗祠也被称为"祖祠"或"家庙"，作为本族各房子孙办理婚、丧、寿、喜以及协商族内事务的场所。广东历来重视供奉和祭祀先祖，注重"寻根问祖"，宗祠文化源远流长，宗祠数量更是全国居首，甚至在一些偏僻的小山村都设有祠堂家庙。据统计，广东现存宗祠 57600 多座，分布在 53073 个自然村，大部分保存较好。

比如，广州番禺沙湾古镇有以留耕堂为典型代表的古祠堂 100 多座；东莞茶山镇南社村建于南宋，以水塘为中心，两岸祠堂林立，有祠堂 30 间，其中谢氏大宗祠、资政第和家庙等建筑，是明清时期广府建筑的典型代表；广州从化太平镇前岗村的广裕祠，是陆氏家族宗祠，相传为南宋宰相陆秀夫之后，保留了明末以来五个确凿的重修重建年代，被誉为"岭南古建筑的年代标尺"；广州荔湾区的陈家祠，为广东 72 县陈姓合族祠和书院，集广东民间建筑装饰工艺之大成。

近代以来随着华人播迁海外，宗祠文化自然也在海外生根发芽。宗祠早期在海外的主要作用，是为那些不幸亡故他乡又无法将遗骸送回祖国的人办一个传统正规的中式葬礼，之后才逐渐发展出以地缘、宗族、姓氏等为纽带的团体，这可以说是中国人自动抱团、谋求"互助共济"的本能。因此，海外华侨华人以宗族为依托，以血脉为纽带，以祠堂为归属，聚在一起是为了生存，为了更好地适应海外完全不同的语言文化环境和复杂多变的社会环境。

宗祠在，根就在。宗祠不仅能让大家始终凝聚在一起，也能让后代子孙永远记得自己是从哪里来的，可以勇敢地讲述自己的过往经历，因此，海外华人同样重视供奉和祭祀先祖，以宗祠作为自身的精神皈依，注重"寻根问祖"。

海内外共有的华人宗祠，维系着海外侨胞与祖居地家乡人民的血脉联系，体现了代代相传的桑梓深情。正是因为宗祠所具有的这一文化符号的表征功能，每年清明祭祖活动仍是各乡村最为重要的宗族活动，大部分村落都有集体祭祖的时间和流程。据有关统计，清明节前后，海外华人和港澳同胞回乡祭祖人数每天高达10多万人，反映出炎黄子孙文化基因中对故土的依恋，对祖德的追思，对根脉的重视，对同源的溯求。

三 重视广东祠堂文化，增强华族身份认同感

作为3000多万海外侨胞的祖居地，广东宗祠文化在传承中华优秀传统文化、增强海外侨胞文化认同方面发挥了不可替代的作用。在华文教育人才的培养过程中应从以下四个方面重视和加强这一具有根脉特质的文化元素。

1. 凝练宗祠文化特质，设计文化体验线路

广东宗祠文化源远流长，不同时期、不同样式的宗祠散落于岭南各处，最为著名的是广东十大宗祠：广州陈家祠、潮州韩文公祠、雷州雷祖祠、己略黄公祠、丁氏光略公祠、乐从陈家祠、从化陆氏宗祠广裕祠、珠海斗门黄氏大宗祠、珠海香洲区北门杨氏大宗祠、中山南朗镇茶东陈氏宗祠群。

作为物质文化遗产，宗祠记录着家族的辉煌与传统，是海内外同宗同祖后裔的精神圣殿，可设立一些研究课题，深入调研各地乡村宗祠文化的深刻内涵，讲好先祖故事，挖掘根脉文化，凝练宗祠文化特质，把宗祠文化中一些优质的文化元素提炼出来，使其具象化、外在化，变成看得见摸得着、能体验、能实操的文化元素，并且整合成多条岭南文化体验路线，凸显中华文化精神底蕴，达到"润物细无声"的教化效果。

比如已经在广州沙湾何氏大宗祠留耕堂举办多届的"开笔礼"文化活动，通过正衣冠、拜师礼、朱砂启智、习三字经、写"人"字、击鼓明志、派发福扎（"福扎"为葱和芹菜）、鱼跃龙门、金榜题名、"诗书世泽"牌坊合影这一系列极具体验性和趣味性的礼仪活动，让学生浸润于中国传统文化的氛围之中，感受和体验中华优秀传统文化的韵味和魅力。特别是"诗书世泽"牌坊记载着何氏家族"一门六学士"的光辉荣耀，在牌坊下合影留念，自然希望每位学生都能学业有成，有着美好的寓意。

可根据广东各地乡村祠堂的特异性和地域性，设计出多条体验祠堂文化的研学游路线图，将广东各地乡村星罗棋布的祠堂家庙作为教育资源，开展华裔留学生假期"寻根之旅"，利用好根脉文化这一抓手，在其精神文化层面进行潜移默化地渗透和影响，从而强化他们对中华传统文化的认同感和归属感。

2. 共建文化实践基地，开发云上移动课堂

乡村宗族祠堂除了供奉和祭祀先祖牌位、瞻仰先祖德能之外，还是家族宗亲"正本清源、认祖归宗"以及办理"婚、丧、寿、喜"等家族大事的活动地点，更是对族人进行礼制、礼法、礼教等宣传教育的场所，因地方宽敞，不少宗祠更是附设学堂，以教育族中子弟。

在当代社会中，我们可充分利用祠堂家庙这一教化场所，与高校共建中华语言文化实践基地，长期给海外华侨华人，尤其是华裔青少年和华文教师开展中华语言文化的短期培训，在海外赓续中华文脉、弘扬中华文化。

文化学习不应仅仅是课堂讲授和校园文化的体验，而是走出课堂、走出校园、走向街巷、走向社会的文化体验，深入了解我们所处的社区、所处社会环境的风土人情，是一种"润物细无声"的文化浸润。

海外华人播迁世界各地，中华文化与海外多元文化交流碰撞、融合发展，由于地域的阻隔、代系的延伸以及异域文化的渗透等因素，有些地区华人对祖籍国的文化认同和情感归属已日趋淡薄，因此，广东各地乡村可与高校一起共同建设"云课堂"，消除异国他乡与现实故土的空间距离，通过系列云上移动课程，向世界各地传播广东宗祠文化，践行习近平总书记2018年10月在暨南大学视察时所提出的"将中华优秀传统文化传播至五洲四海"的指示精神。

比如，可拍摄各地乡村清明祭祖的短视频，让海外华人心系故土、饮水思源；也可讲述家谱中记录的辉煌与传统，让其缅怀先祖，承继先祖艰苦创业之精神，不断开拓进取。通过当代日趋便利的数字化教育技术，向海外华人进行"根脉文化"的传承教化，让根脉文化的烙印像血液一样，潜藏在华人体内，流淌在华人的生命之中。

3. 活化广东宗祠文化，强调文明融汇交流

广东各地祠堂本身就是家族变迁史的集中地，也是某一地域的民俗博物馆，是家族的精神家园。从民俗学角度来看，祠堂是"用自己存在的方式来诠释时代文明"，像广东开平风采堂，形式上采用中西结合，将中国传统古建与西洋建筑两种文化元素融会贯通，体现出中西方建筑风格的碰撞和交融。

活化祠堂这一典型的物质文化资源，讲好先祖开基创业的故事，了解家族迁徙、传承的历史，传承历代贤达勤勉明智的进取精神，教育华裔子弟怀抱祖德，知悉自身"从何处来"，可增强民族自豪感和文化自信，同时身处异国他乡，又能促进所在国与祖籍国的文化交流和文明互鉴。

习近平总书记指出，文明因交流而多彩，因互鉴而丰富。华文教育是海外华侨华人传承中华优秀传统文化的重要途径，是促进中外文明互鉴、民心相通的重要桥梁。活化宗祠文化，使其成为华文教育过

程中的文化资源，能让海外华裔子弟在多元文化的影响和渗透中不致迷失"自我"，不断唤醒其文化基因中的根脉意识，提升其文明互鉴意识和跨文化交流能力。

4. 建树华侨助教典型，募集华教办学资源

海外华侨华人一直以来富有捐资助学暖桑梓的情怀，旅居海外，深知读书明理、文化启智，而祠堂除祭祖、供奉先祖牌位外，还附设学堂私塾，系启蒙教育的场所，因此，海外华侨陆续回国兴建书室、祠堂，慷慨解囊，捐资助教。可调研乡村祠堂文化，打造并建树一批捐资助学爱国华侨的典型，将其爱国助教的感人事迹拍摄成宣传视频，通过移动课堂广为宣传。例如，广东开平市月山镇横江村创建于1918年的绍贤学校是华侨爱国兴学的见证，更是研究侨乡社会和华侨历史的重要物证。

海外华文教育的发展不仅是中国作为祖籍国的责任，更是无数海外华侨华人的职责和文化传承的根本所在，华人社团和宗祠宗亲会也有责任发展华文教育，这也是海外宗祠最初设立之目的"互助共济"在新的历史时期的延续和发展。

华文教育专业的长足发展要主打文化牌，爱国华侨华人捐资助教的事迹可作为移动课堂的核心内容。真实的案例是最能感染人心的，是最有感召力的，也是中华根脉文化最为集中的展示。在华文教育专业建设和课程改革中，应充分利用宗祠文化资源，通过乡村祠堂这一具象化的文化符号，凸显乡土文化元素，用乡土乡情乡音作为文化载体和艺术表现形式，将一个个散落于村落田园的历史故事、文化典故、名人轶事串联起来，表现历代乡贤先祖对国家的忠诚、对民族的热爱、对中华文化的赤子之心，从而激发海外华裔学生对先辈祖德的追思和敬仰，对中华文化的热爱和认同，对同族同宗先祖言行的追随和效仿。

"榜样的力量是无穷的"，利用广东乡村厚重的宗祠文化，树先辈

之典型，彰先贤之功绩，既能有效提升"华文"的教育和浸润效果，又能激励更多的华侨华人效仿先辈，"富而勿忘教育"，让更多的人关心华教、致力华教、发展华教，深化华文教育的专业内涵，如春风化雨，润物无声，在海外华裔族群认同、身份认同和文化认同上，在维护国家文化安全、提升国家软实力、提高中华文化的知晓度和认同感上，在实现"一带一路"中华文明崛起等方面，发挥出积极而重要的作用。

四 结语

近年来，党委、政府以及教育部门积极推动华文教育工作，做了大量卓有成效的工作。但是，我们对华文教育的投入与海外华侨华人的需求差距仍然较大，如何推动华文教育"走出去"，更好地服务国家战略已成为普遍关注的焦点。为全面贯彻落实好习近平总书记视察暨南大学讲话精神，从广东自身所具有的祠堂文化资源来看，我们在推动华文教育"走出去"方面应该更有作为。

1. 做好顶层设计，突出广东祠堂文化特色

坚持和加强党的全面领导，发挥统战、教育部门牵头抓总作用，加强统筹协调，发挥广东根脉文化特色，鼓励和引导社会力量广泛参与，推动和形成有利于华文教育"走出去"的体制和机制；有关部门要积极支持根脉文化的研究，加强华侨历史文化的研究、保护和开发利用，扎实推进广东华侨史、华侨志编修工程；支持海外华侨华人为继承和弘扬中华文化举办的各种形式的华文教育。

2. 在华文教育中增加祠堂文化元素，利用好祠堂文化资源

教育部门及教学机构要有针对性地探索"思政+专业课"的教学模式，利用中华优秀传统文化特别是根脉文化，实施德育教育，在潜

移默化中向学生传授中华文化的精髓。要利用好岭南根脉文化平台，如江门市开发的"侨都根源"信息平台，辅助海外侨胞寻根认祖、联系亲情；积极开展多种主题的活动，加强华裔青少年工作，把学习中国语言文化和寻根、了解中国历史、地理、风土人情等内容有机结合起来，做到寓教于乐，寓教于游，实现教育目的。

3. 以祠堂文化为载体，服务好新时代海外统战工作

华文教育发端于海外、植根于海外，发展、成长于海外，与当地社会文化融合度高，民间基础牢固，可以通过打造试点，建设样板工程，以根脉文化为载体，进一步调动海外侨胞参与华文教育的积极性、主动性，特别是调动海外侨领的引领示范作用，汇聚广大乡亲力量，推动华文教育"走出去"，推动中外文明交流互鉴，构建人类命运共同体。宗祠文化的传承从社会意义上来说，更多的是"寻根文化"的传承。其核心是中华民族长久以来的祖先崇拜，对"根"的探求，在当今社会中具有积极作用，不仅约束和规范着人们的日常行为，更是当今社会良性发展的内在条件与助推器，是稳定社会结构、修正社会风气、提高民族集体认同感的重要保证。

岭南艺术的人文特质分析及其现代德育价值实现

梁健惠[*]

摘 要：在漫长的历史长河中，岭南文化在汉族群体中形成并不断发展，最终成为中国传统文化的重要组成部分，在维护民族团结和促进祖国统一等方面发挥了重要作用。岭南艺术作为岭南传统文化中最重要的组成部分，具有开放兼容、务实重商、多元求变、敢为人先等特点，其独特的人文特质使其与其他传统艺术相比，更具有现代性，更能与我国以改革创新和求真务实为特征的新时代精神相对接，在我国以培育与践行社会主义核心价值观为主要内容的现代德育中具有独特的价值。

关键词：岭南艺术；现代德育；岭南文化

在当今中国的江西、湖南与广东、广西的南北交界上，横亘着南岭山脉。作为南部最大的山脉，南岭成为中国重要的自然地理分界线。从唐朝贞观年间在南岭以南设岭南道和岭南节度使时起，便一直使用"岭南"来定义南岭以南的地区，其中岭南又以广东为中心和代表。

---

[*] 梁健惠，广州美术学院马克思主义学院教授，主要从事中华传统文化的相关教学与研究工作。

岭南文化是在吸收了各民族和各地方的文化精华之后，以本土南越文化为基础，以中原文化为主体，经过几千年的整合、交融和升华后形成的。岭南艺术是岭南文化的代表，也同样因其地域性而具有独特的人文特质，一方面岭南艺术是农耕文明的产物，另一方面又凸显沿海商贸文化；既具有本土性，又融合了外来异族艺术的特质，并在此基础上不断进行时代创新。岭南艺术独特的人文特质使其与其他传统艺术相比，更具有现代性，更能与我国的改革创新和求真务实的时代精神相对接，在我国以培育与践行社会主义核心价值观为主要内容的现代德育中具有独特的价值。

一 岭南传统艺术的人文特质

（一）岭南艺术具有多元开放、兼容并蓄的文化气度

岭南的传统艺术与我国其他传统艺术最大的不同点就是开放，更容易接受新鲜事物，这种开放的心态从民间古老的传说中就得以体现。位于广东广州的南海神庙，始建于隋开皇十四年（594年），距今已有1400多年历史，是中国历代皇帝祭海的场所，它是中国古代规模最大、唯一完整保存的海神庙，也是中国庙宇中唯一供奉着外国人形象塑像的，塑像的原型是来自波罗国（古印度的附属国）的公使或者商人，现在还保存在当地。从地理条件上看，岭南地处中国南疆，属边陲地区，再加上南岭的阻隔，远离封建社会的政治中心，这种"远距离，松管辖"为岭南地区形成与发展"包容南北，兼纳中西"的岭南文化创造了先天的独特优势。岭南地区长期以来在经济文化上与外界互通往来，对外界文化一直持有兼收并蓄的包容心态。岭南传统艺术中蕴含儒学文化，但是并没有受到其制约，而是更多地接受了外来艺术元素。岭南艺术除习得中原以及本地的艺术风格以外，还将近代

传入中国的西洋绘画技法融入其艺术创作之中。近代以来，作为明朝最重要的对外通商口岸以及清朝唯一的对外通商口岸，广州乃至岭南地区几百年来直接面对西洋艺术风格以及艺术技巧的传入、冲击与交流，受到海外的影响最为直接，也最为深刻。明末，以罗明坚为代表的部分传教士从广州入中国，并以广州为中心、以天主教美术作品为媒介向中国沿海及内陆传播天主教，使岭南地区成为受西方艺术影响最早的地区。在十三行时期，原产欧美的天主教西洋画、中国人绘制的"中式西洋画"外销画、中国原产的传统文人画在岭南地区可谓三分天下，此外，西方也有部分艺术家随传教士来到中国，并在岭南地区开办美术学校和音乐学校，这些都为岭南地区提供了不同于中原地区的开放交融的艺术环境与氛围。广东开平碉楼也是建筑艺术上中西合璧的典型。近代以来，西洋画的传入和国画的革新都是在广州首开。另外，广州历史上第一批营业性戏院、电影院、非职业话剧团，以及首个公共图书馆都是在这个时期创办，都是这个时期广州文化的新事物。

（二）岭南艺术体现追求新潮、力求创新的文化精神

岭南地区因地理与历史的原因，较少受中原文化条框的束缚，表现出对各种外来文化的包容、接受、融合。岭南文化的远儒性、地理上的海洋性、历史上与海外交往的互通性，为岭南艺术的创造性提供了平台。岭南地区的艺术家们在杂糅不同地区、不同派别艺术风格的同时，追求大胆创新，最终形成与中原地区相比特色鲜明的岭南艺术。以岭南美术为例，在题材选取上，中原的传统文人画家们往往选取的题材较为单一，大多为梅兰竹菊"四君子"或名花珍禽，画家们很少对贴近生活的寻常物象进行绘制。在十三行时期，以居派为代表的岭南艺术家们则对绘画题材进行了广泛的涉猎。居派花鸟作品摆脱了传统文人花鸟画的限制，大多从岭南风土之中挖掘新鲜题材，如灵动的普通花鸟、寻常的草木昆虫等。据不完全统计，在居廉居巢绘制的物象中，仅花卉一类就多达90余种。此外，居派作品还广泛涉及瓜果蔬菜、市井风情、民风民俗等，不仅展现出岭南独特的人文景致，也表现出岭南地区的地域特点。居派绘画大大丰富了岭南地区的绘画题材，在务实的绘画取材中实现绘画技巧的创新。近代以来，"西学东渐"使岭南文化对外交流更甚，尤其是在艺术领域，中国的艺术逐渐走向现代，走向成熟。改革开放后的艺术设计，更是突破了传统的边界，走向创新与反叛，带着古老的守旧和无畏的创新。高剑父、高奇峰1911年在上海出版《真相画报》，宣传推广"新国画运动"，他们提出"中国绘画至今日，真不可不革命"的思想，学习日本画法的渲染技法，还吸收西洋水彩画的光影特色，创造出了新的岭南画派。

（三）岭南艺术呈现通俗平和、务实重商的文化取向

岭南地区由于地理位置的原因，在历史上长期远离政治和主流文化中心，中心意识和权贵意识比较淡薄，也没有江浙的文人传统，岭南艺术便逐渐形成了入世与务实、通俗与平和的特点。岭南的艺术都是平民性的，不追求深刻的思想，平实见长，俗中寓雅。从地理位置上看，岭南兼有山区、平原、海洋；从文化类型上看，岭南文化历来是本土文化、中原文化和海洋文化，传统文化与现代文明交融激荡之地；从民系上看，有广府民系、客家民系、福佬民系三大基本部分。因此，岭南本土艺术本身就既有阳春白雪，又有下里巴人，既有传统又有创新。岭南艺术的大众性是较为突出的，大多具有平民的视角与内容，启迪了思想，娱乐了大众，艺术渗透在生活的各个方面。从人们的衣食住行与日常生活的饮茶、选美、家居，到当代娱乐杂志、艺术杂志和流行报刊中都可以看出他们的艺术精神。岭南地区有各种各样的传统艺术，涉及各个领域，诸如戏曲、建筑、绘画、宗教、艺术、民俗等，这些都运用艺术形式展现，内涵丰富，充满娱乐色彩，表现

人们对幸福生活的追求。岭南艺术的代表陈家祠，其装饰艺术十分繁复，有砖雕、石雕、木雕、泥塑、陶塑、铁铸、门画、壁画等，其题材相当广泛，包括神话传说、山水风景、动物植物、各类器物等，应有尽有。改革开放后，艺术作品更是多以现实生活为题材，从形式到内容都极具创新性，显现出鲜明的南国风。

虽然中国传统文化历来就存在"重农抑商"的价值观念，但是岭南文化却一贯有重商的传统，特别是珠江三角洲地区，商业贸易一直都比较发达，"崇利"的商品价值观念渗透到岭南社会的每一个角落。一方面，是因为岭南地区以山地和丘陵为主，各地自然资源分布不均，差距大，总体上耕地严重不足，所以岭南历史上一直都有经商的习惯，这也是他们的主要生活来源。另一方面，从区域角度而言，岭南拥有较长的海岸线，在中国没有对外开放海禁的时候，岭南人为了生存已经选择下南洋，前往东南亚或世界各地，在海外他们往往以经商为生。而且历史上，岭南一直是重要的对外贸易区，开放港口的时间比较早，海上对外贸易对商品经济产生一定的刺激，使得这里的人们普遍具有商业意识。长此以往，岭南人民无畏的冒险进取精神和重商的文化倾向逐渐成为岭南文化的一大特质。岭南传统艺术与其他传统艺术的不同之处在于其务实重商性，岭南艺术更为注重实用性，艺术通常与日常生活，与商品经济相结合，用艺术装点生活，装点商业，使得商业在重视利益的同时向艺术化方向发展。比如，岭南的茶叶更为注重包装，包装是为了突出产品的美感，同时也是获得更多利润的方法。岭南的产品设计和环境设计艺术一直走在全国设计界的前列。与其说岭南艺术中蕴含着商业性，还不如说是岭南的商业需要艺术，从而推进了艺术的发展。岭南艺术更重视从受众的需要出发，从市场出发，注意吸引大众的眼球。如广播艺术以粤语播出，广东电视台较早就创办了与家庭生活有关的栏目《家庭百事通》，珠江经济广播电台、广州广播电台等甚至把直播室搬到商场，定期播出，拉近了艺术与生活的距离。深圳历史底蕴不厚重，于是人造景观成了首选，从"锦绣中华"到"中华民俗文化村""世界之窗""欢乐谷"等，一个接一个地将国内外的建筑艺术、景观艺术移植过来，如璀璨的群星点缀着现代化的深圳。岭南地区物质生产的多元化、商品化促进了商业贸易的繁荣。岭南艺术涉及的领域很多，艺术融入生活，艺术助力商业，这些反过来又使艺术拥有更多的受众和市场，岭南艺术迎来更多新的发展机遇。

二 岭南艺术的现代德育价值分析

岭南艺术作为一种地域文化，充满活力，而且具有独特的地方特色。在漫长的历史长河中，岭南文化在汉族群体中形成并不断发展，最终成为中华传统文化的重要组成部分，在维护民族团结和促进祖国统一等方面发挥了重要作用。岭南艺术作为岭南传统文化中最重要的一个组成，因历史原因，形成了自己独特的开放与兼容、入世与务实、通俗与平和、特立与标新等特点，其中绝大部分作品创作的主题和所倡导的思想内容、所表现的生活旨趣等都与社会主义核心价值观非常贴近，而且符合我国现代民众的审美习惯和理解水平。因此，挖掘岭南艺术中的德育资源，发挥其道德教化作用，必能大大助力当前我国社会主义核心价值观的培育与践行，充分实现其现代德育的价值。

（一）顺应我国现代社会生活及民众性格的特点

马克思主义美育思想认为，人是按照美的规律来塑造自己和建造社会生活的，社会越发展，人的自由自觉的本质越得到展示，人的爱美天性就表现得越充分。我国的精神文明建设也一贯强调"必须以科学的理论武装人，以正确的舆论引导人，以高尚的精神塑造人，以优秀的作品鼓舞人"。用艺术之美开展现代德育，宣讲社会主义核心价值观是时代的要求。另外，农耕文化孕育出我国社会和民众讲究和谐相处、重视物质生活、重小家爱大家、务实求真、开放包容等特点，岭南艺术作品在表现形式上更能适应民众的审美情趣、接受能力和理解水平。我国古代传统美术创作因统治者的倡导，其"成教化，助人伦"的特点在汉唐以前得到很大发展，但是由于战乱和政治及民族矛盾，五代特别是元朝之后，文人画家往往隐于市，隐逸思潮、道佛思想，以及抒写性情成为我国美术作品的主脉。岭南是中国近现代史上风云际会的地方，发生了许多重大历史事件，得风气之先，艺术界形成了"创作为时代""创作为社会""创作为生活"的创作风气，产生了一大批具有强烈时代感和生活气息的美术佳作，岭南艺术作品形成了入世与务实、开放与兼容、通俗与平和、特立与标新等特点，在主题、内容、表现形式上更加贴近时代与世俗生活，将其应用于以宣传社会主义核心价值观为主要内容的现代德育中更容易引发民众共鸣。

（二）提升社会主义核心价值观融入国民教育的效果

目前我国社会的现代德育理论过于抽象和概括，文字过于深奥和晦涩，与民众普遍不高的理论水平不适应；教育与宣传的方式以口号为主，空洞、呆板、枯燥乏味，缺乏美感，缺乏情感激发，缺乏号召力、亲和力和影响力，偶有借用图像的尝试，但往往或高雅有余通俗不足，或过于粗浅而缺乏审美情趣，难以引起共鸣；用抽象的共同利益和终极目标代替具体的个别利益和近期目标，与民众注重现实的思维方式不相适应。岭南艺术美术资源应用于以培育社会主义核心价值观为主的现代德育中，可以发挥其独特的艺术感染力，通过情感教育、形象教育、愉悦教育将相关理论完成通俗化、大众化、生活化的转变，使其更易于被民众感知、理解和接受，并内化为自己的价值判断，最终外化为一种自觉的追求。

（三）为培育和践行社会主义核心价值观营造良好的社会氛围

古今中外的美术史上，美术作品绝大多数都承载着社会教化的功能。一个时代的艺术作品往往是其意识形态的载体和形象体现，肩负着传播主流意识、引领社会风气的重任，是社会教化的重要载体。现今能够流传下来的经典艺术作品，都无一例外地融入了当时的社会文化和时代精神，反映出那个时代的面貌，并且为时代服务。如：中国古代美术作品中，秦代的《秦陵兵马俑》再现了秦军奋击百万、勇于攻战、一扫六国的宏伟气派；汉代《荆轲刺秦王》宣扬了舍身成仁的义士精神；唐代阎立本的《步辇图》从一个侧面反映出盛唐气派；宋代张择端的《清明上河图》反映了社会的太平富庶和政治清明。西方艺术作品中，米隆的《掷铁饼者》很好地表达了古希腊人崇尚健康、匀称的人体美的时代精神；米开朗琪罗的《大卫》使人感受到当时意大利（佛罗伦萨）蒸蒸日上、充满自信的时代气息；德拉克洛瓦的《自由领导人民》直接反映了1830年法国七月革命中人民反对复辟的波旁王朝的斗争，宣扬资产阶级共和政体；毕加索的《格尔尼卡》虽然没有出现飞机坦克，但是通过断剑、剑旁的鲜花、仰首的牛和嘶吼的马、母亲与她已死的孩子等，结合立体主义、超现实主义手法，表达对法西斯的强烈控诉。我国现代艺术中，徐悲鸿的《愚公移山》反映了正值抗日的危急时刻，民众抗日的决心和毅力。关山月和傅抱石的《江山如此多娇》用东升的旭日和壮丽的江山表现出新中国的勃勃生机。著名画家凡·高说："艺术的内涵，是多么的美呵！"巴尔扎克说"艺术乃德行的宝库。"席勒说："政治上的改进要靠人格的高尚化，而人格的高尚化只能通过艺术。"这些都说明艺术与思想政治教育一样具备育人功能。作为一种审美教育和环境熏陶教育，岭南艺术因其人文特质而散发出独特的魅力，广泛应用于社会主义核心价值观的宣传教育等现代德育活动中，有助于培养人们良好的生活情趣、高雅的精神情操、正确的审美观以及感受美、鉴赏美、创造美的能力，形成抵制低俗化和庸俗化的天然屏障。

（四）优秀的美术作品实现时代性的回归

通过优秀的美术作品与当下社会形态实现契合，最终完成美术作品时代性的回归，让历史上的佳作焕发出新的活力，实现更大的社会价值，同时有助于激发艺术家的时代责任感，形成反映时代精神、把握时代脉搏、扎根人民大众的创作意识及创作风尚，从生活中激发创作灵感，用艺术智慧表现时代精神。传统中把绘画作品束之高阁，或者只限于美学欣赏，使绘画作品始终圈定于某种特定的狭窄空间里，限制了其人文精神影响力的发挥。片面地追求艺术的独立性，也只会让绘画与现代社会的发展渐行渐远。社会主义核心价值观是我国当今社会价值体系的核心内容，文化艺术活动必须在把握这个前提下开展，其艺术功能的体现才能符合社会需要，才能引领审美导向。如何正确理解艺术的功能在社会主义核心价值观中的体现，是解决当前艺术创作的关键问题，也是当前艺术工作者的首要任务。习近平总书记指出，艺术可以放飞想象的翅膀，但一定要脚踩坚实的大地；文艺创作方法有一百条、一千条，但最根本、最关键、最牢靠的办法是扎根人民、扎根生活；要创作出积极进取、具有强大感染力的作品，就必须站在广大人民群众的立场，深入到社会主义现代化建设这场波澜壮阔的伟大事业中去，去观察、去体验、去思考、去提炼，抓住时代的本质，事件的特征，创作出生动、具体、感人的优秀作品[①]。作为有造诣的艺术家，表现时代不是空喊口号，不是生硬地图解时代精神，而是充分发挥艺术家的想象力和才智，用艺术的手法去表现时代精

---

① 《习近平：在文艺工作座谈会上的讲话》，新华网，2015年10月14日，http://www.xinhuanet.com/politics/2015-10/14/c_1116825558.htm。

神。在艺术发展史上，表现时代精神的作品有很多，但能够留存下来并成为经典的，一定是在题材上、内容上体现时代精神，在艺术手法上有独特见解的作品。

三 岭南艺术实现其现代德育价值的有效路径

现代德育要实现其功能，社会主义核心价值观要得到有效的培育，存在"情感共鸣——理论认知——价值认同——自觉践行"的逻辑过程。社会主义核心价值观要积淀为人们的社会心理，最终转化为凝心齐力共同实现中国梦的强大精神力量，就必须通过一系列的中间环节来实现。其中，摆脱传统德育过于政治性与理论性的话语模式，从中华传统文化和现实生活中，挖掘出群众喜闻乐见的通俗话语和表现形式，增强其感召力，以引发受众的情感共鸣，这是前提。从情感上的接受进而上升到理性的认同与认知，以"春风化雨润物细无声"的方式，达到"曲高和众"，这是现代德育的思想基础。在这一过程中，现代德育要贴近群众，贴近民众的现实生活，取得人民大众的价值认同，这是现代德育的本质要求。通过以上三个步骤，让社会主义核心价值观在民众中实现真正的内化，转变为他们的信仰追求和自觉践行，这是现代德育的最终目标。岭南艺术在这一过程中可以通过多种路径，多方位地实现其现代德育价值。

一是直接运用近现代美术资源来宣讲社会主义核心价值观，以"艺境"育德，营造和谐社会和城市文明。选用紧扣主题的近现代优秀美术资源，通过国画、油画、水彩画、漫画、版画、剪纸、书法、雕塑、摄影等艺术形式，用生动的艺术形象和情景，解读社会主义核心价值观的深刻内涵，传递观念的力量，讴歌伟大的时代。

二是提取近现代美术资源中的艺术符号，根据需要进行加工、改造，应用于社会生活的各个领域，如礼品、纪念品、商品、公益宣传、教科书等，用老百姓喜闻乐见的表现形式对社会主义核心价值观进行立体宣传。

三是将近现代美术作品及案例运用到学校社会主义核心价值观教育中。学校开展社会主义核心价值观等现代德育工作时，可运用艺术作品教学法开展教学，将抽象的理论形象化，从而净化人的心灵，塑造人的品格。或者以例阐理，挖掘大家耳熟能详的美术名作或者艺术名家背后的德育素材——名画家的成长、名作的凝练过程、画品与人品等，运用艺术案例教学法开展教育。

四是在学校教育中，德育与美育相融合，共同助力于社会主义核心价值观的培育与践行。德育教师与宣传人员要加强艺术与美学知识的学习，提高自身的艺术及美学修养，善于运用美学语言和手段开展社会主义核心价值观的宣传与教育。而艺术专业人士则要重视人文社会科学理论的学习以及个人思想道德素养的提高，以社会主义核心价值观引导艺术创作，以优秀的作品来解说和宣扬社会主义核心价值观。

五是将岭南艺术运用于现代德育中要避免过于功利化地强调教化作用而桎梏了美术创作。艺术创作在题材和表现形式、表现手法上应坚持百花齐放，避免艺术的教化功能完全凌驾于审美等其他功能之上而导致的形式单一、创作规范一统等阻碍艺术发展的状况发生。

四　结束语

面对日益多元化和复杂化的国内外政治和文化环境，面对人文素养、道德修养和知识水平参差不齐的社会民众，如何多层次、多维度地开展有效的宣传和教育，使社会主义核心价值观为民众所了解和理解，并且"内化于心，外化于行"，是当前德育工作的关键。艺术作品作为一种超越民族、国家、文化等界限的全人类的共同语言，从其诞生之日起就一直自觉或者不自觉地对社会起着教化的作用，古今中外莫不如此。岭南艺术源远流长，博大精深，佳作丰硕，并且因地理和历史原因，形成了自己独特的地域特点。探寻岭南艺术资源在以培育社会主义核心价值观为主的现代德育中的价值和应用，有助于用生动形象、雅俗共赏的方式营造良好的社会人文环境及积极向上的氛围，对全社会道德水平的提升有促进作用，同时也将进一步推广优秀的美术作品，反过来影响更多艺术家为社会创作更多高品质的艺术作品。

·文化赋能乡村振兴研究·

非物质文化遗产赋能乡村振兴
——浙江省乡村走访调研报告

李 芸 熊小平[*]

摘 要：艺术乡建是乡村文化振兴的重要内容。本文基于近年来民族地区学界和实践者的经验，结合寻访浙江省多个村落的实地考察，从产业与文化的角度，逐一分析非遗赋能的基本经验、乡村非遗发展的现实挑战、艺术乡建的应对策略等，归纳出艺术乡建具有开发城乡融合产业、培育"一懂两爱"人才、发掘乡土特色风情、建设宜居宜业乡村、激发内生活力村治的功能，以期为艺术乡建赋能乡村振兴探寻一种整体性视角的新发展方式。

关键词：艺术乡建；乡村振兴；非遗文化；浙江

中国历经千年的农业社会，创造出辉煌灿烂的农耕文明。乡村是中华民族文脉的起始点与发源地，但随着互联网时代的迅猛发展，历史悠远的农耕文明却在现代化与全球化发展的历程中逐渐隐退幕后。

---

[*] 李芸，复旦大学管理学院硕士研究生，主要研究方向为非遗现代传承方式；熊小平，广东开放大学（广东理工职业学院）讲师，主要研究方向为艺术乡村建设、艺术创作、非遗研究。

经济与文化素来是相辅相成、相互促进的,任何一方都难以独立存在,我国乡村数量庞大,乡村文化却发展较慢,归根结底是因为经济的式微。中国的文化根脉在乡村,中国的美学之根也在乡村,因而对于乡村文化与经济的建设不容忽视。艺术乡建,正是艺术家们去发现、探索和激活这些几乎已被封存和遮蔽的乡土价值的过程。这种建设新模式,在实践过程中赋予中国农村新的活力,让艺术与农村结合焕发活态生机。

一 调研走访乡村的基本介绍

在全面实施乡村振兴战略的背景下,农村地区的发展现状越发引人关注。农村文化建设带动经济发展,艺术乡建已成为其中重要的一环,非遗艺术家依照各个农村不同的地域、民族特色,将原来的乡村文化资源通过艺术手段改造升级,将文化转变为乡村的经济财产,从而推动乡村文化的振兴与发展。本次调研寻访了浙江省各地区的乡村,旨在通过走访与调研,寻找到各个乡村的独特魅力。

(一)宁波葛家村

葛家村是宁波市宁海县一个偏远的小山村,曾经因为产业空心化、人才净流出导致经济发展衰退,很长一段时间内,都被称为"无优势、无潜力、无优势"的小村。2019年,宁海县政府推进文旅融合发展,发起"艺术振兴多村"行动,让全国各地的艺术家走进乡村,展开对乡村艺术的探寻与解构,"艺术家驻村"的发展模式与乡土农民碰撞、互动、融合之后,葛家村涌现了百余名乡村艺术家,一个个新奇而独具匠心的艺术品、艺术空间使这座村庄脱胎换骨,由原来名不见经传的小山村变成网络热门打卡地。

目前,葛家村已入选浙江省文旅融合典型案例、2020年度浙江省级美丽宜居示范村，获评国家 3A 级旅游景区，40 余个艺术共享空间在这里建成，诞生出 200 多个文创产品，成千上万的游客争相前往打卡留念。除此之外，"艺术家驻村"与农民同频共振的文化深耕模式还获评浙江"乡村振兴十大模式之一"，可以说葛家村打了一场漂亮的"翻身仗"。

（二）丽水古堰画乡

古堰画乡景区位于浙江省丽水市莲都区碧湖镇和大港头镇境内，核心区块包括大港头镇镇区、坪地半岛和碧湖镇堰头、保定等地，距丽水市区 20 多公里。为积极响应"绿水青山就是金山银山"的号召，古堰画乡持续推进改造升级，优化景区环境，面貌焕然一新，诞生了"丽水巴比松油画展""古樟树集市"等文创产业，并频频现身《人民日报》、新华网、浙江新闻、抖音、微博等媒体平台，知名度、美誉度持续跃升。

丽水作为全省共同富裕示范区建设首批试点市之一，被列入国家第一批全域旅游示范区创建单位。莲都区把握发展机遇，发挥当地人文自然资源优势，持续发力打造充满灵韵的秀美乡村特色小镇，目前，入驻古堰画乡的画廊、艺术工作室已达 126 家，油画年产值达 1.2 亿元，每年接待写生创作的人群就超过了 15 万人次。

（三）衢州大陈村

大陈村，隶属于浙江省衢州市江山市大陈乡，位于江山市北部，南距市区 10 公里，村落三面环山，回龙溪纤长如玉带，依山势而建，肌理清晰明朗。村中遗存了从清朝到民国的 79 处古建筑，青石古道 3000 余米，有"江南第一古村落"的美称。一首《妈妈的那碗大陈面》，一首《大陈，一个充满书香的地方》，将大陈村民们的心紧紧凝聚在了一起，大陈村因为村歌而出了名，一路高歌猛进，在北京人民大会堂上演唱，歌声还被制作成国礼，赠送给前来参加 G20 峰会的各国元首。

在人气高涨之后，大陈村积极推进经济发展，村民参与创业创富。为了促进村庄和谐、共同进步，避免同质化竞争，村里先向老百姓租用农舍，然后找有实力、有经验的投资者来经营和管理，"临水街""舜耕巷""创匠工坊"等多种创意业态顺势加入。配套的餐饮、住宿、农产品等也陆续步入正轨。到现在，村里有近 80 户村民成了招待所的老板，超过 100 户农户的闲置资源被充分利用起来。当地还成立了农旅融合式"共富工坊"，工坊经济的成功推动了农民经济实力的增强。大陈村每年接待游客近 50 万人次，全村有 80%的住户从事旅游住宿文创相关事业，现有民宿超过 30 家，营业总收入在 2000 万元以上，集体经济的收入远超 200 万元，十分可观。

（四）衢州余东村

沟溪乡余东村，位于四省边际中心城市衢州近郊，这里生态环境优美，文化底蕴丰厚，民风淳朴向善，有着"中国第一农民画村"的美誉，还被评为全国美丽宜居示范村。近年来，"农民画"作为余东村的核心产业，积极发挥出它独特的产业优势，加上"旅游+文创+村落集体式"相融合的发展模式，将农民画与文旅巧妙结合，深入挖掘农民画的文化内涵，打造文创产业，发展出乡村农民画完整的产业链条，进一步发展乡村旅游，探索发掘出一条独属于余东村的振兴之路。余东村通过深挖农民画产业基因，实现了由卖画转变为卖文创、卖版权、卖屏保、卖包装的多元化发展，做大了农民画产业。

如今，余东村与衢州好梦来集团合作开发了农民画床上用品，与华为合作开发了农民画手机壁纸等，同时农民画还跨界和德门龙手工阳面等品牌展开深度合作，将农民画作为包装设计的主元素，从而增加了农民画的线上版权收入，提高了当地文化品牌附加值，还吸引了许多绘画爱好者，可谓一举多得①。2020年，余东村农民画相关产业产值达1500万元，骨干画家年创收20余万元。

（五）淳安富文村

淳安富文村，保留着山水乡村遗世独立的江南风范，当地人展现出朴素、真诚的精气神。它又有些与众不同：一所地处半坡上的糖果色城堡小学——富文乡中心小学，打破了村里往日的宁静。作为电影《我和我的家乡》独立单元《最后一课》的取景地之一，富文乡中心小学一夜出圈。自从对外开放参观以来，高峰时一天的客流量高达2000人次。

随着"网红学校"的火爆，富文村紧握商机，学校附近的农场纷纷开展果蔬采摘活动。夏季是巨峰、阳光玫瑰葡萄成熟的时节，进入富文乡中心小学打卡的游客，经常也会在附近的农场采摘葡萄，光是一个夏天，采摘葡萄的客流量就超过了10000人次。网红打卡地的热度带动了富文村旅游业的发展。千岛湖山林青翠、湖水碧绿的画风，一直延伸到位于学校3公里之外的石头埠，湖对面林立着大大小小、各有特色的民宿、农家乐，是富文村当地民宿的聚集地。得益于学校的热度，来到此地住宿的人也不在少数，富文乡中心小学的意外走红，是推进富文村发展的新鲜血液，正好弥补了当地旅游生态先天不足的问题。

（六）余杭永安稻香小镇

永安村，地处余杭区余杭街道东北面，2003年村规模调整，由原永安村、姚村、下木桥村三村合并而成。永安村属基本农田保护区，无工业污染，绿化率达80%以上，濒临东苕溪，中苕溪穿村而行，生态环境优美，空气清新宜人。2021年度，杭州市未来社区创建名单公

---

① 王爱静：《"金融之笔"绘就美好乡村共富图》，《农村金融时报》2023年8月7日。

布余杭区共 14 个社区被列入名单，数量位居全市第一。其中，余杭街道永安村位列"未来乡村"创建名单。永安村以组织振兴、产业振兴、人才振兴、生态振兴、文化振兴为抓手，力争未来建成全省乡村振兴示范村。

"稻香小镇"还通过应用数字赋能来促进城乡融合。推行"套餐式"粮食种植、生产作业流程、"农安码"应用，着力打造数字化种粮的新模式。首批 1500 亩核心区块数字农业项目已建设完成。稻香小镇阿里云 IoT 数字农业基地、稻香小镇盒马村等正式授牌入驻。永安大米同时进驻盒马鲜生、京东、天猫等大型电商平台销售。通过与阿里云合作智慧农业项目，开发"数字稻田认养"App，团队或个人会员可以"自主认养"或"托管认养"预购永安大米。基于 GIS 系统，稻米生产加工数据一图展示、每一袋稻米都可以做到一码溯源。村支部书记张水宝还走进直播间为本村大米代言。合资经营团队打造"开镰节""丰收月"等特色活动品牌，以草垛乐园、稻垛集市、长桌宴等形式吸引市民下乡，丰富了城市居民的生活体验。2020 年，稻香小镇承接杭州市商贸局"爱心助农、直播带货"活动、浙江大学农业与生物技术学院本科生毕业典礼、谷绿农品员工团建等大型活动。

二 乡村非遗赋能的基本经验

艺术拯救乡村。基于乡村文化资源的艺术乡建，是千千万万个"神笔马良"一般的艺术家建筑师与村民展开的在地化的深度合作，共同探索乡村整体性文化复兴，实现从"乡村艺术振兴"向"乡村社会振兴"的转变。只有因地制宜、尊重乡村的现实并以地方性知识为根基，融合乡村的历史、信仰、礼俗、民艺等要素，才能重塑乡村文化的生活样态、行为习惯和空间形态，并以多主体联动的方式构建乡村共同体，推动乡村文明的复兴。

（一）找准发展定位，打造地方特色文化品牌

在现代新农村建设的大环境下，一个村庄想要发展下去，必须找准自己的定位，在文化方面必然不能够千篇一律，差异化才能凸显自己的优势所在。对于每个村庄来说，深入挖掘历史文化底蕴，从历史的遗脉中探索当地特色，是实现精准定位发展的必经之路。

古堰画乡被称为"中国的巴比松小镇"，30多年前，一批画家来到这里写生，随着越来越多画家的到来，这个群体被称为"丽水巴比松画派"。崇尚回归自然、热爱田园生活，是这群画家最真实的写照。丽水巴比松的可贵，在于提供了一个反向寻找的空间，当所有人奔赴城市时，内心敏感柔软的画家群体选择了近郊。付出很小的时间成本，就可以切换成不同于城市生活的节奏，活在当下，把眼前的美好画下来。

把握住这些具有引领性的群体——画家，丽水市莲都区摇身一变，成为远近闻名的旅游胜地。这些年来古堰画乡的人越来越多，成为全国百余所高校的写生基地，每年有15万人来这里写生，古堰画乡也由此收获"诗和远方入画来"的美誉。

与古堰画乡相似，以画为发展媒介的村庄还有衢州余东村。作为浙江西南部一个普通的小山村，余东村村民们靠种地为生，收入仅够维持温饱。20世纪70年代，县上的文化馆开办美术学习创作班，余东村几名热爱绘画的农民踊跃报名参加，余东村与农民画的奇特缘分就此结下。50多年来，余东村开设培训班、办画家工坊、成立农民画协会，农民画家队伍不断扩大。通过卖画、绘墙画等方式，农民们增加了收入、改善了生活。在找准定位后，如今的余东村，通过卖农民画以及相关文创产品，做大做强"文创产品经济"。农民画工艺品、农民画纺织品、农民画纪念品等文创产品的诞生,都是余东村与中国美院、万事利集团等单位展开密切合作的成果。到目前为止,文创种类已突破80种。据悉,光是在"五一"期间,日均接待游客就超过3000人,余东村农民画相关产业年产值达到1500万元,骨干画家年创收20余万元,对于农民而言,这样的转变无疑是可喜的。

切实可触的传统技艺的确是一个村庄现成的发展优势,不过有时候,一些非物质性的特色事物也能带来意想不到的惊喜。大陈村,位于江山市区西北约10公里,据传,明永乐年间,徽州汪氏迁居此地,至清代发展成为"烟居数百家"的汪姓聚居村落,并以善于经商办学而远近闻名。

大陈汪氏先祖汪普贤与继母的孝道故事在当地广为流传,基于此创作的村歌《妈妈的那碗大陈面》唱响了大陈村的致富之路,从歌曲的火爆开始,大陈村逐渐发挥自己的文旅魅力。大陈地区丰富资源造就的高品质小麦加上偏碱性的水质做出来的面条,口感自然鲜美,是大陈村独有的一道美食。配合着村歌,大陈村衍生出了剧目表演形式,一经推出就取得巨大成功,显著带动了周边夜间经济的发展。由于成效显著,大陈的"村歌治村"模式,在江山市得以推广,如今在江山市292个行政村中,有200余个村都有村歌。

这些案例都向我们传达出一个事实:找准乡村发展定位的重要性。在乡村历史文化的基础之上,展开延伸与想象,村庄里的一山一水、一人一物,都有可能是最鲜明的特色所在,顺着这个方向继续发展,乡村很快就能找到属于自己的脱贫致富之路,带动乡村经济发展。

(二) 巾帼力量赋能乡村手工艺发展

在艺术乡建的实际案例中,有一股不可忽视的力量在发挥着巨大的作用,我们将它称为巾帼力量。

新时代新农村的发展少不了妇女同志的齐心协力。由余东村妇联组成的女红巧手联盟，充分发挥女性力量，不仅在农民画项目中贡献出自己的一份力，还通过自己的方式创作了许多农民画文创产品，进一步拓宽余东村的经济发展之路。"一米菜园"是衢州市妇联于2019年发起的一项活动，目的是让妇女们积极投身乡村振兴，把拆迁后的空地和废旧的砖瓦石头等物品变成宝贵的资源。妇女同志积极发挥自己的智慧与力量，用它们建造出色彩缤纷的菜园和富有农耕特色的文化墙，不仅种出了新鲜的蔬菜，还"种"出了乡村的美景和文化，让菜园成为景点、乡村成为景区。

在丽水市莲都区，也有一群女性同胞，用自己的双手创造出古堰画乡的别样风采，她们就是这个"巾帼共富工坊"中的巾帼创客们。莲都区妇联坚持党建统领，依托画乡景点优势，积极探索"工坊+"模式，引导巾帼创客依托网络电商等新媒体，用非遗传统文化、油画、畲族文化、当代艺术等元素，融合开发兼顾实用性和艺术性的来料加工文旅产品，实现研产销全产业链一体化模式发展，带动村民致富增收。"巾帼共富工坊"推出的布艺、皮具、钩织、木作、陶瓷、石头画等产品供不应求，已然成为画乡的一张特色名片。

"巾帼共富工坊"画乡示范带始于2018年，是以画乡老街为中心轴，辐射整个画乡景区的妇女创业创新共富示范带。目前，有画乡特色品牌文创高端伴手礼共富工坊11个，以"工坊+家庭微工坊+大户带散户"的模式，带动周边移民点、少数民族村等近500名留守、老弱病残妇女在家门口就业，人均月增收1500~8000元，产品价值从原来的5~10元提升至百元以上。

在进行艺术乡建的过程中，乡村女性是知识社会中被"遗忘"却又渴望成长的群体。乡村女性，一直是社会发展的重要力量。然而她们往往面临着教育不足、就业困难、收入低下、社会地位低下等问题，导致她们无法充分发挥自己的潜能。在对女性进行经济赋能之后，越来越多的乡村女性掌握了创作技能，能够通过自己的付出改善家庭生活，提升社会参与能力。这样一来，她们不仅能够实现自我改变与全面成长，还能为乡村社区和经济发展做出贡献。女性通过赋能项目找到了自己的价值，她们所展现出的成果也给所有人带来了巨大的惊喜。

（三）博物馆赋能，打造地方特色乡村博物馆

提起博物馆，我们大多会觉得这应该是城市才有的。每个乡村有自己的故事，每件物品也都印着自身独有的历史痕迹，我国丰富的乡土资源承载着一代又一代人的记忆，利用乡村的历史文化资源来建设乡村博物馆，是推进乡村振兴战略的重要手段，当一座座乡村博物馆破土而生，它们摆脱了"距离感"与"高大上"的刻板印象，成为屹立在广袤乡土之上的独特风景。

余东村的富裕之路，可从博物馆的记录与保存中得见。2020 年，余东村建成了中国乡村美术馆。此后，全国农民画专业委员会顺利落户余东，中国人民大学、中央美术学院、浙江传媒学院等省内外院校在当地设立了研学基地，20 多所高校师生来此研学采风……余东村逐渐打响了"中国第一农民画村"的品牌。这座 4200 平方米的大建筑，包含创意美术展厅、名家工作室、名家交流中心、多媒体室、食堂、宿舍等一系列配套设施，从建设完成之日起，它就成了衢州市艺术文化聚集地中一颗独特而美丽的星，是研究乡村艺术建设、激活乡村文化的重要实践基地[①]。

无独有偶，丽水市莲都区的古堰画乡中，也有一个特殊的博物馆——畲凤·红石榴家园非遗工坊。工坊以民族服饰产业为主导，集民族服饰研究、加工、生产于一体，包含其他畲族非遗项目（如畲族

---

① 崔春雨、赵加仑、陆海东等：《一起"画幸福"》《中国财经报》2021 年 11 月 18 日，第 4 版。

彩带编制技艺、畲族刺绣、畲族民歌等）的保护和传承。工坊共设民族服饰展示区、非遗文化创意区、非遗文化体验培训区三个功能区。既有传统畲族凤凰装，也有带有畲族特色的旗袍、礼服，还有着手工温度的伴手礼——畲风挂件、扎染土布包、茶包、布偶等。工坊主人兰金美，通过对畲族服饰文化的创新、转化、提升，先后开发了20个品类8000多种产品，畲族服饰走进寻常百姓家，甚至走进了人民大会堂。先后为畲族全国、省、市、区两会代表、党代表等设计制作畲族服装。畲凤·红石榴家园也成为古堰画乡中一道极具异域风情的风景线。

（四）发挥村民的主观能动性

乡村想要重新焕发生机与活力，应当得到政府正确的引导与支持，在正向指导下，带动有意识的村民，发挥主观能动性，挖掘和深耕文化，实现对技艺的传播和发扬，走上文化致富的道路。

仙绒美术馆，就是2019年葛家村开展"艺术赋能村民·村民振兴乡村"行动时打造的第一个家庭美术馆。馆长叶仙绒和丈夫都是普通农民，平时农闲时靠做篾匠和根雕为生。随着艺术振兴乡村行动的顺利开展，她从一位普通的妇女成为"仙绒美术馆"的馆长。美术馆中，有许多叶仙绒年轻时陪嫁过来的东西，如衣柜、米桶、化妆盒、梳妆台以及她母亲当年结婚时用的针线盒，整个一副旧时农村的传统样貌，虽然比不上百年前的文物，却也是旧时农村的一个缩影。如今，仙绒美术馆已经成为葛家村的著名打卡点，甚至得到了许多外国友人的喜爱，仙绒美术馆的成功，正是村民积极主动配合、发挥主观能动性的现实案例。

进了葛家村，还有一个人人皆知的地方——德土公公家的七彩贝壳院。巧手村民葛德土利用一些贝壳做了各种庭院景观造型。葛德土表示："这些贝壳都是从农村各种宴席上捡来的，处理干净后使用。最初只是自己做了玩，没想到这也是一种艺术，也没想到会有这么多人喜欢。"贝壳形状各异,是老先生用酒席后废弃的贝壳打造的,这些作品也经常被拿到宁波去展示。围墙上还有许多景观,是他用捡来的石柱、边角废料切割而成的。这些东西看起来平平无奇,却在他的手下变换造型,成为别具美感的奇妙景观。七彩贝壳院也成为葛家村一个特别的艺术殿堂。

(五) 非遗民俗手工艺街区

独木难成林,乡村中的艺术亦是如此,村里仅仅只有一个文化产业是很难带动整个村庄集体发展的,要将文化产业形成聚而不断的产业链,构成百花齐放的创意街区,这样才能源源不断地产生新的艺术与经济价值。

在古堰画乡的古街之上,便有这样一条创意文化街区,植物染就的布料变成手工包、蓝染工艺结合纯手工制作,玩偶、茶杯垫、衣服、帽子等典雅清新的布艺文创悄然出现;还有手工捏作的陶艺作品,茶壶、茗炉、器皿,各式各样,数不胜数;喜欢品质与触感的,还能在这边看到皮艺文创,纯手工制作+进口植鞣牛皮+纯铜五金,皮包、皮帽、皮鞋、眼镜盒、打火机、挂件,光泽与质感两相兼顾;更有琉璃茶器、花器、酒器,琉璃晶莹剔透,在阳光下熠熠生辉……文创街区的出现,让多彩的制作技艺有了规范的栖息之地,也为葛家村营造出艺术与自然并存的灵态美感。

三 乡村非遗发展的现实挑战

随着乡村振兴战略的实施,艺术介入乡村建设的在地实践案例不胜枚举,艺术在实践过程中发挥的作用亦日趋明显。随之而来的话题探讨铺天盖地,但我国乡村非遗整体发展依然存在痛点、难点、堵点,所有的探讨最终还是要回归到现实问题上来,即艺术介入乡村建设目前存在什么样的问题与挑战，只有明晰了这个问题，才能探明艺术在脱贫攻坚、乡村振兴等社会工程中的作用和限度。

（一）文旅乡村品牌知名度有待进一步提高

乡村全域品牌化战略，是协同实现乡村振兴的宏大目标。2019年，专家就提出建议：借助乡村全域品牌化战略实现乡村经营与乡村振兴。然而目前看来，乡村文旅的品牌知名度仍然有待提高。如非遗这种独特的资源，在漫长复杂的历史沿革下，很少为某村（地）独有，不能简单地按照行政区域划分进行发展。然而，现有的乡村非遗项目开发仍处于单打独斗状态，零星发展，缺乏协调。同时，各地在推广非遗项目过程中，各自为政，甚至可能会争抢"第一""正宗"，混淆了其真正源流，极有可能影响乡村非遗整体品牌的推广与传播。

（二）非遗文创产品开发能力弱，经济效益差

对于手艺人而言，作品需要转变成商品，才能创造出经济价值。在开发和研究文创产品时，问题也接踵而至。第一，由于缺乏专业的市场调研，加之在人才、资金和技术等领域的投入不够，直接影响了文创产品产生显性的经济效应；第二，目前各景区和地区的文创产品同质化现象严重，游客产生审美疲劳，极大地打击了其购买欲望；第三，某些文创产品工艺复杂，仅凭少数几个手艺人进行制作，生产效率较低，再加上没有技艺的传承，产品的开发效率自然而然就会下降，慢慢地，之前的热度也会衰退，这对于文创产品而言是非常不利的。

（三）乡村创意人才、市场运营人才缺失

在乡村振兴战略实施的背景下，乡村生态旅游不断发展，非遗保护取得了明显的进步，但乡村非遗的转化水平与市场需求之间还存在不小差距。因为文化部门人手、资金有限，只能对非遗资源做一般性梳理，关注个别重点保护项目，无法逐一做深入研究。国家非常重视乡村人才培养，鼓励高校毕业生通过"志愿者""支教""大学生村官""特岗教师"等形式投身于乡村发展，然而由于乡村本身的职业发展环境、生活环境和晋升通道受限，人才流失现象非常严重。与此同时，乡村人民缺乏深入研究非遗的意识与能力，创意、管理、运营人才匮乏，最终导致了偌大的乡村非遗资产无法被盘活。

（四）村庄基础配套不足，对游客的吸引力不足

乡村配套设施包括餐饮设施、住宿设施、基本接待设施、配套设施、环境卫生、安全防范、服务质量、从业人员技能等方方面面，是乡村品质的重要载体，功能性强及个性独特的乡村配套设施有助于提升乡村旅游的体验感。

随着时代的发展，人们对于品质游的追求越来越高，游客的体验满意度与乡村旅游的基础设施息息相关。因农村基础设施不完善所带来的卫生、安全、道路、通信、周边配套业态等方面的问题，直接影响游客的体验感，导致了乡村景区年轻游客群体少，重游率低、口碑不佳、入住率低，进而导致乡村旅游收入直线下降。

四 乡村非遗发展的对策建议

随着乡村振兴战略的推进，传统非物质文化遗产的保护传承和发展也受到越来越多的关注。作为中国独特的文化资源，非遗不仅是中华优秀传统文化的重要组成部分，也是促进乡村经济发展、增强乡村文化软实力的重要途径。想要乡村非遗能够得到可持续发展，以下几点建议值得我们思考。

（一）创新宣传手段方法，讲好乡村文旅品牌故事

当今世界，数字化是互联网发展的必然趋势。非遗助力乡村振兴，

借助数字化对非遗内容进行收集、存储、转化、管理、展示和传播，一方面增加了非遗技艺的呈现形式和传播方式，使人们可以更便捷和高效地观看和使用非遗，有助于大众全面了解、学习和继承传统文化；另一方面，非遗数字化有助于乡村讲好非遗故事，将当地特色的乡村文化资源创意转化成有传播力和感染力的故事，再通过数字化的传播，打破空间和时间的局限性，扩大乡村的传播渠道。

以特色非遗资源为基础，通过专业团队、个人或众创等方式挖掘或创作出具有非遗属性的好故事，既可以是老故事、旧作品、传说的新玩法，也可以是根据小镇非遗内容衍生出的新事件，结合新时代电商、直播等新兴媒体的传播，提升非遗小镇文化资源的创意转化效率。

（二）建立专业的艺术乡建人才培养体系

乡村要发展，离不开人才。除了积极引进乡村外部人才，通过"外脑"助力，实现乡村人才队伍的扩充外，还需要充分发掘当地居民的潜力和能力，加大从农村内部挖掘人才的力度，通过经济、营销、管理和设计等方面的专业培训，充分激发起乡土人才的自身能动性。

在本次调研过程中发现，乡村除了从当地挖掘和发现非遗技艺代表性传承人、手工匠人作为非遗保护和传承的重要力量外，还通过引入专业的文创领域的运营者、产品设计师、艺术家等创意阶层群体，包括通过设立乡村 CEO、乡村职业经纪人等岗位，如余杭的稻香小镇，专业的人做专业的事，共同为乡村的发展提供高端人才保障[①]。建立生态链，整合研发设计师、营销者、运营者、管理者等人才，同时通过调研总结符合乡村发展实际的人才需求，制定一系列引进、培

---

① 张立波、张奎：《"文创兴镇"视野下非遗小镇发展路径探究》，《北京联合大学学报》（人文社会科学版）2017年第1期。

养、培训、合作模式、管理和服务机制，让人才更好地转化为乡村的创造力和生产力。

（三）逐步打造乡村特色非遗风格、发力研学教育

乡村想振兴，离不开产业振兴。实践证明，研学教育是乡村振兴的重要助力，乡村是开展高质量研学教育的重要空间。近年来，多地乡村被研学教育点亮、激活，"研学+乡村"的新型模式成为巩固新时代脱贫攻坚成果、助力乡村发展的有效经验，并不断总结出新的学生综合素质提升方式和乡村发展模式，"关注乡村""学在乡村""长在乡村""反哺乡村"已经成为多地中小学生及社会各界的重要共识。

高品质的乡村研学，不是简单地在乡村开展活动，也不是在研学过程中融入一些简单的农村元素和产品，而是通过政府、企业、学校和村民共建，从育人的角度出发，将课堂呈现在祖国的大地上，将乡村中所蕴含的文化、历史、社会、生态、经济、政治价值充分挖掘，走出一条乡村振兴的可持续发展之路。

（四）构建农村和农民的利益共享机制，激活乡村发展内生动力

乡村振兴的主体是农民。始终牢记习近平总书记的"江山就是人民，人民就是江山"的谆谆教诲，坚持以民为本，为民服务，激发农民的内生动力。一方面，培养农民的相关意识、能力；另一方面，加强政府基层管理能力，提供配套的基本公共服务；让农民有畅通渠道参与当地政府规划建设和运行管理，比如村民议事会、恳谈会等联系群众的方法，充分发挥调解室、帮扶小分队、巡逻小分队等各种志愿服务团队的作用，把广大农民群众组织起来[①]。

在本次的调研中，葛家村的鲜活案例表明，乡村振兴一定要处理

---

① 曹慧泉：《绘就新时代"富春山居图"——关于醴陵市东富村乡村振兴工作的调研报告》，《新湘评论》2023年第3期。

好集体和个体的共同利益，建立健全共享机制。通过盘活当地村民自有资产，把一户户当地居民通过利益共同体串联起来；开发集体致富模式，"人人都是艺术家，家家都是创业户"，让村庄里的资源变成资产、农民自有资金变成村里发展的股金、村里的村民转变成集体发展的股东，明确好集体与个体的产权关系和权益归属。

总　结

中国未来的乡村潜力无限。非遗具有天然的地方特色属性，有助于讲好当地非遗故事，赋能乡村发展。除了基础设施的建设外，乡村积极引入专业的设计、运营人才，同时吸纳文化乡村创客、文化创意企业等业态，除了将非遗和文化创意设计融入艺术乡建外，也注重乡村可持续发展的内生动力，充分调动起农民的主观能动性，协同进行区域性的人才培养、自有品牌培育、文化创新、数字化技术、各项专业培养制度不断完善等，真正盘活乡村的非遗资源，让非遗更好地助力乡村发展。

乡村振兴背景下艺术乡村营建模式研究

——以丽水古堰画乡为例

姜 洪 尹 鹏[*]

摘 要：乡村是具有自然、社会、经济特征的地域综合体，兼具生产、生活、生态、文化等多重功能。艺术乡建作为乡村振兴的一个重要方向，本文从市场、建设、管理三个维度对古堰画乡的发展进行解析，以问答形式引出艺术乡建过程中的关键点，通过对艺术乡建模式的研究发现艺术乡建对乡村振兴的有益经验和反思警示，为中国艺术乡建路径下的乡村振兴提供一定借鉴。

关键词：艺术乡建；乡村振兴；古堰画乡

一 引言

乡村是具有自然、社会、经济特征的地域综合体，兼具生产、生活、生态、文化等多重功能，与城镇互促互进、共生共存，共同构成

---

[*] 姜洪，杭州市余杭区青芜文化创意公司总经理，主要研究领域为乡村运营、乡村旅游；尹鹏，深圳市新城市建筑规划设计股份有限公司高级规划师，主要研究领域为国土空间规划、风景名胜区规划、区域经济。

人类活动的主要空间。乡村振兴是相对于农村衰落而言，农村衰落主要表现为农村居住人口过度减少而导致出现"空心化"现象，同时伴以居住人口和农业从业人口"老龄化"现象。[①]

我国人民日益增长的美好生活需要和不平衡不充分的发展之间的矛盾在乡村尤为突出，我国仍处于并将长期处于社会主义初级阶段，它的特征很大程度上表现在乡村。全面建成小康社会和全面建成社会主义现代化强国，最艰巨最繁重的任务在农村，最广泛最深厚的基础在农村，最大的潜力和后劲也在农村。

从2017年至今，我国密集出台了一系列文件政策促进乡村振兴事业的发展。2017年党的十九大报告指出，农业农村农民问题是关系国计民生的根本性问题，必须始终把解决好"三农"问题作为全党工作的重中之重，实施乡村振兴战略。实施乡村振兴战略，是解决新时代我国社会主要矛盾、实现"两个一百年"奋斗目标和中华民族伟大复兴的必然要求，具有重大的现实意义和深远的历史意义。

2018年1月2日印发的《中共中央 国务院关于实施乡村振兴战略的意见》（即中央一号文件），明确"产业兴旺、生态宜居、乡风文明、治理有效、生活富裕"的乡村振兴20字方针，要求到2035年，乡村振兴取得决定性进展，农业农村现代化基本实现，到2050年，乡村全面振兴，农业强、农村美、农民富全面实现。2018年6月，中共中央、国务院印发了《乡村振兴战略规划（2018—2022年）》并发出通知，要求各地区各部门结合实际认真贯彻落实。2021年国务院直属机构国家乡村振兴局正式挂牌。2021年通过《中华人民共和国乡村振兴促进法》，这是中国第一部直接以"乡村振兴"命名的法律，从此，

---

① 张强、张怀超、刘占芳：《乡村振兴：从衰落走向复兴的战略选择》，《经济与管理》2018年第1期。

我国促进乡村振兴有法可依。

艺术介入社会的传统以及源头可追溯到20世纪70年代,从博伊斯的"社会雕塑"到伯瑞奥德的"关系美学",都是强调艺术家身体力行地投入日常生活的建构中去。艺术介入乡村发展建设旨在通过乡村重构焕新,激发乡村发展活力,实现乡村可持续发展。艺术介入乡建实践在国内近10年来才兴起,相关研究比较匮乏且滞后于实践,当代艺术家梁岩先生曾经提出"艺术乡建所强调的是,通过艺术家在地进行的互动与活化,使乡村在现代社会中得以复活,并强调艺术的人文启蒙作用,修复已经被长期社会改造所消失殆尽的人性与生活。艺术乡建与近代以来的乡村改造的根本不同在于,它不再把乡村作为被现代化否定的对象,而是肯定乡村传统优秀的文化价值,并使之与当今时代和生活相衔接。"[①] 艺术乡建作为乡村振兴的一个重要方向,最近几年备受关注。

本文以国内发展较早,具有一定代表性且相对成功的丽水市莲都区古堰画乡艺术乡村营建为例,研究艺术乡建模式促进乡村振兴的有益经验和反思警示,为中国艺术乡建路径下的乡村振兴提供借鉴。

二 案例背景

古堰画乡位于丽水市莲都区碧湖镇和大港头镇境内,距离市区大约20公里。这个乡村的核心区域包括大港头、堰头等,这里是800里瓯江最美的一段。最有代表性的是始建于公元505年,拥有1500多年历史的世界灌溉工程遗产——通济堰,另外还有古村、古巷、古堰、古桥、古埠头、古樟树等历史遗迹。

---

① 渠岩:《艺术乡建:中国乡村建设的第三条路径》,《民族艺术》2020年第3期。

时光翻转到二十几年前，大港头这个千年商埠，历经岁月洗礼，面临着文物保护不善、房屋年久失修、沿街业态凌乱等问题，同时，作为水陆接驳码头、木材中转站，成批的大港头人投身木材加工产业，最火时大港头有150多家木材加工作坊。粗放型、资源掠夺型产业的快速发展，虽然带来了村镇的一时繁荣，但环境污染、生态失衡与经济发展间的矛盾也日益凸显出来，大港头像八百里瓯江上的一道"疮疤"，大煞风景。

2006年7月，时任浙江省委书记的习近平同志在丽水古堰画乡调研，他指出"绿水青山就是金山银山，对丽水来说尤为如此"。大港头牢记嘱托，从整治环境入手，实施以改路、改水、改厕、改房、美化为主要内容的村庄风貌和环境综合整治。整修村内主干道和堰渠，新建了停车场、公厕、安装路灯，拆除通济堰两旁的简易灰棚、猪牛栏、简易厕所等200余处，家家户户开展卫生改厕，对古堰画乡木制品行业进行整治，先后关停了150多家木制品加工厂。在此基础上，开启了"修旧如旧，以求其真"的保护与更新之路，自2006年起至今近20年的发展历史，大港头的乡村面貌、乡村活力和乡村治理都有了新的提升。

其实，从20世纪80年代开始，无数画家就被大港头村附近的山水风光所吸引，自发到这里来写生，那时起就已经为当地播下了艺术的种子。来自贵州遵义的画家匡凯黎就是其中的一员，匡凯黎第一次来到古堰画乡就被深深吸引了，他留下来开了一家自己的画室。"江边很原生态，坐下来在江边感觉到回归大自然，虫子吃草的声音你都能听得很真切，整个画面很好很美，就留下来搞创作"，这是匡凯黎对大港头景观环境的真切描述。从画家自发地来此处写生，到乡村风貌和环境综合整治，进而慢慢衍生成艺术家集聚地，随着艺术活动的不断深入，政府也逐渐介入助力景区建设，同时，社会资本也同步跟进，随着旅游资源的打造和配套设施的跟进建设，古堰画乡跃升为国家4A级旅游景区。

古堰画乡的发展属于自发生成、政府扶持、社会资本补位的一种缘起方式，同样也是艺术家、社会机构、政府多方参与共建的模式。如今，这里已发生了翻天覆地的变化，不仅是中国摄影家协会命名的第一个"摄影之乡"，也是中国巴比松油画基地，是中国最早一批艺术介入乡村营建获得成功的乡村。

三 艺术乡建的三个维度解析

浙江的艺术乡建工作目前走在全国前列，古堰画乡又是浙江省艺术乡建中的佼佼者，它的发展历程对于中国的艺术乡建有很好的借鉴意义。市场化之路是艺术乡村营建的核心追求，精细化建设是艺术乡村呈现的重要手段，有效的管理是艺术乡村与市场契合的根本，市场、建设、管理三个维度决定了艺术介入乡村营建的成功与否。本文从市场、建设、管理三个维度对古堰画乡艺术乡村进行解构、剖析，尝试对此类乡村的艺术营造进行解析，进而找到一种普适性的发展模式和有用的经验，用于指导未来中国艺术乡村的发展。

（一）市场维度

古堰画乡围绕艺术、文旅和生活"三维融合、三镇合一"的发展定位，实施艺术乡村营建，积极探寻从山水到艺术、文旅、生活、产业递进式的助力乡村振兴、实现共同富裕的新路径。

从吃住游娱旅游要素视角，对古堰画乡的主要业态分析可知：典型的展览娱乐空间，有巴比松艺术馆、力美术馆、古堰画乡展览馆、世遗通济堰馆、"梦幻巴比松"星空体验馆等5家。典型的住宿空间，有画乡问瓷、隐居画乡、一宿画里、米乐娜、莫奈的花园、隐石悦庄、画居匠心、古堰蓝庭、安素、溪畔小筑、徐家别院、二月原芗、堰遇、亲爱的我们等15家。典型的餐饮空间,有猫空书店、艺家缘、杏记甜品等网红餐厅,文昌楼、游江小溪鱼馆、浙宿等土菜餐馆,木言木语、隐石悦庄、山林食事、生活有点恬等西餐下午茶,拥有10家各类餐饮。典型的文创展购空间,有画乡供销社(文创产品/怀旧零食玩具)、昔时手作(皮具)、歇歇吧(复古旧物)、猫空书店(原创文具/明信片)、乔拉生活馆(意大利饰品)、归然陶艺(陶瓷工艺品)、琉璃生活馆(琉璃茶具)等7家。

对比长三角区域相对成功的商业街区运营案例乌镇、杭州河坊街的业态配置情况,古堰画乡的业态配置整体符合市场需求,但是,也存在一定的不足,住宿空间占比相对过高、展览娱乐空间占比偏少,影响了乡村商业街区的整体活力(见表1)。

表1 典型空间类型配置对比

典型空间类型	古堰画乡 数量(个)	古堰画乡 占比(%)	乌镇 数量(个)	乌镇 占比(%)	河坊街 数量(个)	河坊街 占比(%)
展览娱乐空间	5	14	29	21	27	26
住宿空间	15	41	15	11	8	8
餐饮空间	10	27	46	33	37	36
文创展购空间	7	19	50	36	31	30

资料来源:作者统计。

十几年来,随着古堰画乡的不断建设和完善,年度游客量也逐年增长,截至2019年旅客量达到194万人次,统计分析所得,游客量平均年度增长率达到了20%,一直以较快的速度保持发展。其中,2014~2015年古堰画乡的游客量呈现明显的跳跃式增长,这与该年份组织管理机制变革，重新组建浙江丽水古堰画乡旅游投资有限公司，全面落实古堰画乡市场化运营不无关系（见表2）。

表2 古堰画乡年游客量统计

年份	国内外游客（万人次）	年度增长率（%）	平均年度增长率（%）
2009	34	—	—
2010	44	31	
2011	52	20	
2012	58	11	
2013	72	23	
2014	80	11	20
2015	121	52	
2016	160	32	
2017	173	8	
2018	177	2	
2019	194	10	

注：2020~2022年度受新冠肺炎疫情影响不作参考。
资料来源：丽水市文广旅体局统计数据。

客群以长三角为主，其中，长三角中浙江省省内游客占比最高，除去浙江省，丽水的游客来源地排名前5分别为上海市、江苏省、福建省、江西省、河南省。浙江省内，到古堰画乡的游客来源地排名前5的分别为杭州市、温州市、金华市、宁波市、台州市。游客群地域分布特征有两个，一是与丽水市直接交界的地级市，二是虽与丽水市不直接交界，但属于辐射力较强的特大型城市的地级市。

2019年古堰画乡景区公司收入2500余万元，村民人均收入从2005年的0.43万元增长到2022年的4.63万元[①]，增长了10倍多，经济和社会效益显著。

① 《八百里瓯江的"美丽神话"——古堰画乡行》，新华网，2023年5月26日。

(二) 建设维度

1. 艺术圈建设

系列重大行动,助力古堰画乡艺术圈层的建设,成功营造了浓厚的乡村艺术氛围(见表3)。

表3 古堰画乡艺术圈年度建设行动

年份	年度重大艺术建设内容
2005	丽水油画院在大港头成立,同年,缙云工艺美术学校"古堰画乡"分校开学,该校与本地企业达成长期合作关系,正式开启校企合作征程
2007	引进33家行画企业,包括加拿大普森(浙江)国际实业有限公司,开启了拓展国外行画市场的新篇章。举办了古堰画乡杯国际摄影比赛,年度组织外地画家写生几十批次
2009	北京芥子园画院丽水分院开业,画家唐雪根进驻开笔作(60米油画大作《大潮》)受到省市电视台广泛宣传。截至本年,有商品油画企业46家,画工220人。同年,举办了"2009古堰画旅游节"
2011	组织50幅巴比松精品油画参加北京·丽水文化精品展
2014	"缤纷之夜"夏季夜游活动正式推出,开启夜游模式。截至本年,有画廊42家,展览馆3家,休闲吧及工艺品店29家
2015	"丽水巴比松"油画与法国巴比松实现"穿越百年的握手",此举是首出国门,国际影响力再提升。同年,获"2015快拍浙江-外国人看浙江"摄影比赛"最温情小镇"奖
2016	与各类艺术院校(近300家)开展合作,在古堰画乡设艺术教育实践基地,古堰画乡"院校联盟"成立。总投资达7亿元的中国江南巴比松项目、风情商业街项目、画家苑项目等油画产业平台项目开工建设,打造油画创业基地、油画展示展览基地、油画交易基地和油画写生基地。基于"音画同源"的理念,举办"古堰新韵"小镇音乐节,共举行14场音乐演出、26场"音乐与莲都不期而遇"主题活动,有国内外5位艺术大师、15位著名音乐领军人物、130多位青年音乐家、60位音乐学子和筑梦班51位学生参与
2017	"平价艺术品+电子商务"的油画网络销售新模式兴起,实现油画专业展示、油画定销、国乐雅集快闪活动等联动互扶,油画产值达1.2亿元。"中国美术家协会古堰画乡写生基地"的牌子正式落地古堰画乡。举办2017古堰画乡小镇艺术节,其中"大樟树拍卖秀"活动共拍出作品22幅

续表

年份	年度重大艺术建设内容
2023	有艺术工作室、画廊达126家,油画年产值达1.6亿元,年接待写生创作15万人次以上

资料来源：作者整理。

时至今日，古堰画乡已经完成了全业态、多维度的艺术圈的建构。经过十几年的发展建构，入驻的艺术家已是古堰画乡的新村民，画画、创作、生活、参与美丽乡村建设，成了他们生活的一部分，吸引着越来越多的"生活美学家"慕名前来古堰画乡生活、创作。油画协会、民宿联盟、文创联盟等多元化社群的成立，也让古堰画乡成了一个艺术文旅生活社区（见图1）。

图1 古堰画乡画家写生场景

图片来源：百度百科。

实现乡村振兴不仅需要激发农村内部的动力和积极性，同时也需要更加开放地吸引吸纳农村外部的资源。需要进一步形成并不断完善城乡融合的体制机制和政策体系，改变过去主要由农村向城市单向流动的局面，创造城乡要素双向流动、相互融通的新格局。古堰画乡艺术圈层的建设，充分契合了乡村振兴的大方向，十几年的极速发展促进了大港头镇的乡村振兴发展。

2. 空间载体建设

美国著名建筑学家凯文·林奇在《城市意象》中提出"城市意象"五要素——道路、边界、区域、节点、标志物。这5项要素强调城市的景观是大家可见、可忆、可喜的源泉，"城市意象"五要素赋予了城市视觉形态一种特殊而新颖的设计理念，例如，路径是一种线性元素，是使用者运动的轨迹，沿着路径运动的同时可以观察城市以及将周边环境因素组织联系起来。

乡村意象的内涵主要体现在两个维度：一是对乡村环境的直接感知，强调的是对物理环境的直接体验，二是对乡村社会文化的间接感悟，强调深层次的情感升华。借鉴城市空间意象的研究方法，对于艺术乡村建设中的乡村空间认知和运营同样具有重要意义。

古堰画乡历经美丽乡村建设、省级特色小镇创建、小城镇环境综合整治、美丽城镇建设、国家级旅游度假区创建等，逐渐形成了古堰画乡现有的格局和风貌。

空间布局方面，古堰画乡分为古堰片区和画乡片区两大片区，这两个特色乡村空间，共同组成了整个古堰画乡艺术乡村的核心区。其中，古堰片区是沿大溪北岸依托千年古村堰头村衍生新建的艺术区，画乡片区是沿大溪南岸营造的一条江滨风情古街和1、2号艺术区。结合古堰画乡的艺术气质，整个空间内设置了多处户外公共空间，如在江滨古街的东西入口区域设置有公共广场，千年古村堰头村的中心位置也设置有公共广场，围绕大溪两岸结合滨水岸线和古树名木，点状设置街角绿地小公园等。户外公共空间的巧妙设置为艺术在乡村空间中的展现提供了多种可能性。户外公共空间以点状形态分布在整个古堰画乡空间中，原住民和新晋艺术家的居住空间则围绕公共空间有序展开，户外公共空间和私密性居住空间既有穿插联系，又有一定的独立性，形成了一种和谐共生、充满活力的乡村空间形态，展现了古堰画乡特有的空间艺术氛围。

古堰画乡的艺术乡村空间形态呈现了一定的典型性，本文借助谷歌影像数据，对古堰画乡乡村空间进行对比分析，得出了古堰画乡空间形态不同时期的变化，起初的古堰画乡是依托大溪两岸的堰头村、大港头镇区呈现点状扩散，后来随着政府的重视、市场化的运作，历经多年演变，古堰画乡的艺术配套设施逐渐完善，形成了如今的艺术乡村空间形态。

建筑风貌方面，核心区的风貌根据浙派民居建筑风格做了整治和修缮，建筑整体风貌较为统一（见图2），但是外围区却因缺少建设风格控制，传统风格建筑、现代风格建筑等不同风格特征的建筑穿插交织，在建筑色彩、材料运用上也较为随意，外围区风貌状态较为杂乱。然而，古堰画乡景区本身属于开放式景区，所以对于外围区的建筑风貌控制同等重要。在外围区建筑风貌控制方面，古堰画乡显得略有不足。

（三）管理维度

从20世纪80年代开始，无数画家被大港头村附近的山水风光吸引，自发到这里写生，为当地播下了艺术的种子。2005年4月，中共丽水市委领导在谈及大港头区域文化产业定位时，提出建设"古堰画乡"项目。随后，中共丽水市委、市政府作出建设古堰画乡文化产业园区的决定。按照丽水市委、市政府提出的"艺术之乡、浪漫之都、休闲胜地"城市形象定位和中心城市区块功能布局，"古堰画乡"项目的发展定位为"三基地一中心"，即打造美术写生基地、创作基地、行画生产基地和生态休闲度假中心。坚持原生态保护性开发、建筑风格与自然风貌相协调、政府主导和市场运作相结合的三大开发原则，充分挖掘区域文化内涵，把小城镇打造成为绿谷文化展示的大平台。

随着古堰画乡的不断发展，原有的纯政府主导的管理行为已不能

图 2　古堰画乡全景航拍和重要节点建筑风貌效果

图片来源：百度百科。

再适应市场化发展，古堰画乡的组织模式和原有的管理架构需要再梳理，需要根据市场发展对组织行为、人员配置进行迭代升级。

2006年，古堰画乡紧紧围绕"时任浙江省委书记的习近平到丽水调研时提出的'绿水青山就是金山银山，对丽水来说尤为如此'的科学论断，告诫丽水守住了这方净土，就守住了'金饭碗'"[①] 这一指导思想，依托国家级重点文物保护单位通济堰和丽水巴比松油画的深厚文化积淀，立足瓯江两岸真山真水、优美的自然和人文资源，构建

---

① 人民网：《习总书记当年提的要求，丽水干得咋样了？》，http://politics.people.com.cn/GB/n1/2017/0529/c1001-29306511.html。

旅游产业体系，推进艺术产业、旅游服务业、农业休闲观光等产业发展，极大地促进了区域经济的发展。

经过十多年的艰辛努力，古堰画乡景区组织管理机制不断升级转换（见表4），古堰画乡市场化运作路径逐渐清晰，如今，它正以矫健的步伐和特有的魅力成为丽水的金名片，走在中国艺术乡建的前列。

表4　古堰画乡组织管理机制变迁情况

年份	组织管理机制变迁
2006	组建管理机构，设立丽水古堰画乡开发建设管理委员会和浙江丽水古堰画乡开发建设有限公司
2009	古堰画乡景区以委托管理方式引进古堰经营公司，经营管理游客接待中心、瓯江画舫和景区
2012	成立古堰画乡创AAAA工作领导小组和创A办公室，启动创国家4A级旅游景区工作
2015	成立古堰画乡小镇和创5A级旅游景区建设工作领导小组，设立古堰画乡小镇党工委、古堰画乡小镇和创5A级旅游景区建设指挥部，促进景镇合一，全力推进创5A和特色小镇建设
2016	重新组建浙江丽水古堰画乡旅游投资有限公司，成为小镇投资、建设、管理等工作的主平台

资料来源：莲都区政协文史天地数据。

四　艺术乡村营建的三问三答

古堰画乡经历了从艺术到文旅，再到生活画乡的三级转换，新的气息也催生了新的环境。如今，正在建设的古堰画乡艺术中心、新艺术区等，都在为未来古堰画乡的发展提供更广阔的发展载体。通过对古堰画乡的分析研究，本报告对中国艺术乡村的营建提出三个问题，并尝试对三个问题做出粗显的解答，希望为中国艺术乡村的营建提供一定意义上的正向引导。

（一）艺术和经济是否能良性交叉赋能？

1. 艺术引领，提高各方主体的主观能动性

艺术乡建发起方式分为自发和诱发两种，自发包括本地人自发和外来人自发，诱发包括政府邀请和第三方邀请。本地人自发的乡建，在熟人社会的村落更易获得理解和配合，如中国台湾土沟村通过社区自发营造凝聚民心，为后来的艺术介入奠定了社会基础。外来人自发的乡建在获取信任方面需要一定的时间，且受政府影响较大。政府邀请的乡建，得到的财力和政策支持相对更多。第三方邀请包括个人或企业等的邀请，邀请人或组织通常会给艺术家提供坚强后盾。

艺术家在乡建中的角色主要为创作者（Innovator）、发起人（Initiator）和组织者（Facilitator）。在任何乡建项目中，艺术家都要做好作为创作者的本职工作，古堰画乡就是一个很好的例子。作为发起人的艺术家通常怀有强烈的人文情怀和社会责任感，但在项目开展过程中会碰到各种各样的困难阻力。作为组织者的艺术家则需要创建一个协同创新沟通网络，协调好各参与力量的关切与矛盾，如地方政府、村干部、在地民众、本地合作社、企业、艺术圈人脉以及其他专业人士。与其他学科相比，艺术以其独特的艺术可视化组织手段在促进各方沟通方面独具优势。[1]

艺术家不仅提出问题，而且还要解决问题，同时还要具有社会建构能力，必须在时代的困境中，具备有效解决乡村问题和建构社会信任的能力。尤其是面对多年来一些基层政府所秉承的"文化搭

---

[1] 〔意〕埃佐·曼奇尼：《设计，在人人设计的时代——社会创新设计导论》，钟芳、马谨译，电子工业出版社，2016。

台，经济唱戏"的单一发展论调，很多乡村将"文化"当成了招商引资的招牌和垫脚石，当成吸引资本下乡的诱饵。一旦吸引来资本，"文化"便立马被抛弃。怀揣文化理想的艺术家定会反思且批判这些资本的乡建模式，尤其是以"改造"和"发展"的名义来介入乡村的建设方式。他们修正了地方政府的这一误区，并提出"经济搭台，文化唱戏，艺术推动乡村复兴"全新的乡村复兴与乡建理念。

不论是乡建实践中的艺术工作者、知识分子还是地方精英，都需要积极地参与到当地社会正在发生着的公共活动和日常交往中，尊重隐藏在生活逻辑中的文化和伦理美学。如此，我们所倡导的"多主体"艺术乡建实践，才能在多变和复杂的乡村建设中进行持续的对话与交流，在动态的协商过程中调整自己的行动策略；才不会剥夺乡村地方主体在实践中的适应性与能动性，"艺术乡建"才能在今后乡村建设中成为一股不可忽视的力量。

2. 成立艺委会，建立良好的公平协商机制

艺委会是一个由各方代表组成，包括艺术家、村民代表、政府官员、社会企业代表和旅游相关人员的共商管理组织。艺委会作为中枢、中介，将艺术家、村民、政府、社会企业、游客五方统筹融合，促进不同利益相关方之间的合作和共赢。

艺术乡村营建过程中，艺委会负责各方的协调和沟通，以确保各方的意见和需求得到充分考虑。尤其是在后续项目运营中，积极鼓励艺术家、村民、政府、社会企业和游客的参与和合作，可以组织艺术家驻村计划，邀请艺术家与当地村民合作开展艺术项目，政府可以提供支持和资源，社会企业可以给予经济奖励或赞助，游客可以参与活动和提供反馈，促进参与和合作，强化五方联结，实现资源共享和利益共分，进而促进乡村建设，赋能乡村振兴。

（二）艺术化后的乡村还是村民喜欢的乡村吗？

艺术化后的乡村可能会吸引一部分人的喜爱，但并不一定所有村民都会喜欢。艺术化的乡村会注重美学和文化元素的融入，通过艺术品、景观设计、建筑风格等方式来打造独特的乡村形象。这样的乡村可能会吸引一些喜欢艺术和文化的人，以及追求不同体验的游客。

然而，乡村的艺术化也可能改变原有的乡村风貌和生活方式，引发一些村民的不满。一些村民可能更加重视传统的乡村生活方式和社区关系，对于艺术化带来的变化持保守态度。他们可能担心艺术化会带来过度商业化、土地价值上涨、社区凝聚力下降等问题。

因此，乡村艺术化的程度和村民对此的态度会因地区和个人而有所差异。有些村民可能会喜欢乡村的艺术化，认为它能够带来经济发展和文化繁荣；而另一些村民可能更喜欢保持传统的乡村风貌和生活方式。所以对于艺术乡建过程中的艺术介入方式和深度需要引起重视。在继续帮助农业人口适度转移就业的同时，更加注重解决乡村如何"留住"和"进入"，往更深层次来讲，是如何留得"舒心"和"入"得"流畅"的问题。通过"留"与"入"，促进乡村的振兴和演进。

经济性是指地方产业得到振兴；社会性体现为社区凝聚力得到增强，社区民众互助、互爱、互动，对社区有归属感与自豪感；环境性强调打造宜居安全的生活环境、完善的公共设施与服务；文化性指优良文化传统得到保护与传承，社区具有很强的地域识别特征。应该统一规划、严控建设，在艺术思想引领下塑造独特的乡村印象和空间记忆线。统一规划，明确乡村的发展方向、定位和重点发展领域，确保乡村整体发展的一致性和可持续性。对乡村建设进行严格的控制和管理，制定和执行严格的建设审核制度和监管措施，避免不合理的开发和破坏。

在乡村建设中注重塑造独特的风貌和印象，通过保留和修复传统建筑、保护自然景观、营造宜居的环境等方式，设置纪念标志、保留历史建筑、创造文化活动场所等，在乡村空间中营造具有历史和文化记忆的元素和线索，以凸显乡村的特色和魅力，让游客和居民能够感受到乡村独特的历史和文化。

（三）如何让乡村实现自我造血？

如何盘活乡村资产，实现保值增值？如何提升乡村的人气，带来可持续的人流、物流和资金流？如果说城市的运行可以理解成依托财税体系的城市公共管理，那么在乡村，目前还没有一个合理的"商业模式"去支撑这些乡村资产的可持续发展，让乡村资产产生可持续的现金流。

市场是乡村建设的根本，脱离市场的乡村建设行为皆是昙花一现，无法实现可持续发展，艺术乡建作为乡村振兴的一个重要方向同样如此。市场引领下的乡村建设的根本是运营，基于政府职能部门或者社会组织对乡村有组织、少干预的引导培育，通过市场的正向反馈，促进艺术乡村走向自我造血的发展状态，做到乡村建设和组织生长的良性、可持续发展。这种既满足于资本增值欲望、符合政府政策诉求，又保障农民利益的"商业模式"的构建，是中国乡村振兴发展过程中乡村真正走向繁荣的重点和难点。

1. 以客户为中心

以客户为中心的乡村营建，才是符合市场发展规律的，才能实现自我造血。应锁定所服务的客群对象，切忌全年龄段泛泛服务，避免陷入"想都好，都做不好"的状态。每个年龄段的消费习惯和消费能力各有特点，艺术乡村的营造应锁定与本项目发展目标相匹配的目标客群，精确地了解他们的需求、喜好和行为习惯，通过深入了解目标客群，更好地理解他们的购买行为和决策过程，精准地定位自己的品牌和产品，设计和提供符合他们期望的产品或服务。通过专注于目标客群，建立起与他们的情感和需求更深层次的联系，提升品牌价值和认可度，并在市场上树立差异化发展优势。

在乡村营建的过程中，我们还要思考，未来来到这里的游客会喜欢怎样的内容。归结起来，无外乎以下两个方向：

（1）根植在地文化，以在地文化、元素为基点，裂变式衍生，提供情感消费场景，提供超预期的内容体验。这一理念强调结合情感和文化的消费体验，通过研究和了解当地的文化、价值观、美食、艺术、音乐和传统活动等，裂变式地创新和衍生，包括设计特别的活动、推出独特而具有创意的产品、提供个性化和定制化的服务等，为客户提供超出他们预期的内容体验。

（2）乡村运营操盘手应生活居住在乡村，与村民打成一片，深入体验和理解当地的生活特色，以独特的创意和衍生创造令人难忘的内容。提供独特的互动体验、提供舒适和愉悦的氛围，或者营造让客户感到陶醉和专注的氛围等，通过设计与目标客户的情感和体验需求相符合的场景，打造与大众不同的情感消费体验。

2. 注重生活方式的精准供给，业态架构贴合市场需求

研究目标客户群体的生活方式，通过市场研究和分析，深入了解目标客户群体的生活方式、价值观、偏好和需求。了解他们的工作、休闲、消费习惯，以及他们所追求的生活方式。基于研究结果，提供定制化的产品选项、个性化的服务和体验以及与他们的生活方式相吻合的品牌形象等，以满足目标客户群体所追求的生活方式和需求。通过注重精准供给生活方式、业态架构贴近市场需求，提高客户的满意度和忠诚度，并建立起与目标客户的紧密联系。

3. 采用市场、政府双线并行的管理模式

目前大多数乡村旅游企业是国有企业，以政府主导型的经营管理模式为主，并且大多是产权主体虚置，产权边界模糊，造成所有者与

经营者之间不对称的责、权、利结构。当经营者行使其经营权时，政府部门可以干涉；而当经营不善时，无论是政府部门还是经营者，都不愿承担最终责任。同时，政府受自身管理属性所限，站在公益性视角兼顾公平和正义，但缺乏市场竞争意识，政府把精力过多地放在用行政命令推进"乡村旅游的发展"上，而非从服务的角度制定相关政策，最终会抑制市场积极性，进而导致投资运营失败。

这时就需要用一种良性的模式来调和市场、政府间的矛盾，市场、政府双线并行的管理模式是一种较好的模式。政府村民管理线主要负责村庄治理和村民服务工作，公司市场管理线主要负责对外招商引资和村庄已有资产的运营服务工作，两者在空间权责上有明确的界限。

乡村的产权特点决定了其不适用于资产持有和管理高度分工的城市模式。相反，需要真正强化村集体的主体意识，并贯穿乡村建设运营的始终。政府的公共投资是企业私人投资的基础，政府在乡村营建过程中，只是充当扶上马的一个角色，乡村的未来发展还得靠良好的管理机制。只有培育形成一个良好的管理机制，才能实现乡村未来的自生长。在乡村运营中，企业采用更多的是提供专业服务、链接乡村资源与城市消费端的"平台型"商业模式。

政府与企业（文旅运营公司）的合作涉及整个村庄未来20年的经营管理权限。政府和企业合股成立的文旅运营公司作为市场线，对外推广村庄赢得客流消费，对内衔接政府和商户的诉求，通过建筑管控、物业管理、活动策划等方式，对村庄进行系统化管理，发挥出市场专业化经营的优势，使得村庄能够在都市近郊乡村旅游充分竞争的情况下，依然保持着较高的服务水准和持续的盈利能力。[1]

---

[1] 申明锐：《从乡村建设到乡村运营——政府项目市场托管的成效与困境》，《城市规划》2020年第7期。

五　总结

　　古堰画乡里的轻风细雨，次第诉说着光阴的故事，这里不仅有奇绝醉美、风光如画的山水，还有世界级的完整灌溉遗产，也是"丽水巴比松"油画群体的发祥地，清秀美丽的山水、厚重的历史底蕴、浓郁的艺术氛围，正是现如今走在中国艺术乡建前列的古堰画乡的真实写照。艺术作为一种全新的乡建介入手段，因其在造物设计、资源整合和文化保护传播等方面的创造力优势及介入方式的多样性而别具一格。[①] 山水吸引了艺术，艺术促进了文旅，文旅催生了新生活，新生活孵化了新产业，新产业促进了乡村振兴。在艺术乡建这一背景下，古堰画乡正在用"作为产业的生活方式"，艺术化地描绘新时代的诗意美好乡村生活。本文从市场、建设、管理三个维度对古堰画乡的发展进行解析，以问答形式引出艺术乡建过程中的关键点，通过对艺术乡建模式的研究发现艺术乡建对乡村振兴的有益经验和反思警示，希望为中国艺术乡建路径下的乡村振兴提供一定借鉴。

---

① 尹爱慕：《艺术介入乡村建设多个案比较研究与实践》，湖南大学硕士学位论文，2017。

·数字媒体艺术研究·

面向元宇宙的智慧博物馆展览发展*

张　啸　杨得聆**

摘　要：随着元宇宙概念引起全球的广泛关注，智慧博物馆展览服务需探索向元宇宙发展的路径。本文对智慧博物馆与元宇宙的相互融合，以及智慧博物馆的组成部分之间的关系进行研究，重点围绕元宇宙推动智慧展览跨越物理世界和虚拟世界、通过深度交互拓展人类感官维度、变革人们认识展览和理解文化的手段等内容开展论述，从而探究面向元宇宙的智慧博物馆未来发展的可能性。

关键词：智慧博物馆；元宇宙；展览阐释

一　导言

随着网络新技术在博物馆领域的应用发展，智慧博物馆逐步向元宇宙方向发展。元宇宙理念涵盖了虚拟博物馆的各个组成部分，无论

---

* 本文系教育部人文社会科学研究规划基金项目"智慧博物馆展览的个性化阐释范式研究"（21YJA760093）阶段性成果。
** 张啸，广州美术学院教授，主要研究方向为智慧博物馆展览；杨得聆，广州美术学院副教授，主要研究方向为视觉艺术。

是在线上还是线下参观，都能够通过虚拟现实技术让观众获得超乎想象的视觉体验[①]。智慧博物馆是元宇宙概念的文化生态组成部分，在元宇宙里的智慧博物馆为博物馆虚拟和物理部分建立持续稳定的链接，通过元宇宙在博物馆的物、人、数据之间实现动态双向多元信息传递。

近年来元宇宙概念引起全球广泛关注，2021年被视为"元宇宙元年"[②]。在海外，脸书公司更名为Meta[③]，沙盒游戏平台罗布乐思（Roblox）作为第一个将"元宇宙"概念写进招股书的公司，上市首日市值飙升至372亿美元[④]。微软围绕实现元宇宙在Ignite 2021技术大会上宣布多项最新技术[⑤]。在国内，字节跳动收购虚拟现实设备公司小鸟看看（Pico），收购《重启世界》母公司，腾讯对元宇宙的布局已深入底层基础架构、线上商业平台、内容版权、社交媒体等[⑥]。

元宇宙作为一个与现实高度关联、互通的虚拟平台[⑦]，将推动智

[①] 唐维红主编《中国移动互联网发展报告（2022）》，社会科学文献出版社，2022。

[②] 朱嘉明：《"元宇宙"和"后人类社会"》，《经济观察报》2021年6月21日第33版。

[③] 《Facebook"脸"都不要了，直接改名元宇宙：满仓虚拟现实》，澎湃新闻，https://www.thepaper.cn/newsDetail_forward_15127845，最后检索时间：2023年6月20日。

[④] 《"游戏界乐高"Roblox上市首日股价大涨54%，估值一年内涨9倍》，界面新闻，https://www.jiemian.com/article/5790088.html#:~:text=Roblox，最后检索时间：2023年6月20日。

[⑤] 《微软Ignite 2021技术大会：围绕元宇宙、人工智能、混合办公、超连接业务，推进数字化创新》，微软，https://news.microsoft.com/zh-cn/%E5%BE%AE%E8%BD%AFignite-2021%E6%8A%80%E6%9C%AF%E5%A4%A7%E4%BC%9A%EF%BC%9A%E5%9B%B4%E7%BB%95%E5%85%83%E5%AE%87%E5%AE%99%E3%80%81%E4%BA%BA%E5%B7%A5%E6%99%BA%E8%83%BD%E3%80%81%E6%B7%B7%E5%90%88%E5%8A%9E%E5%85%AC%E3%80%81%E8%B6%85%E8%BF%9E%E6%8E%A5%E4%B8%9A%E5%8A%A1%EF%BC%8C%E6%8E%A8%E8%BF%9B%E6%95%B0%E5%AD%97%E5%8C%96%E5%88%9B%E6%96%B0/，最后检索时间：2023年7月7日。

[⑥] 陈梦竹、尹芮：《元宇宙专题深度（63页）——未来的未来》，国海证券，https://dfscdn.dfcfw.com/download/A2_cms_f_20211124112942284944&direct=1&abc8501.pdf，最后检索时间：2023年7月7日。

[⑦] 喻国明：《未来媒介的进化逻辑："人的连接"的迭代、重组与升维——从"场景时代"到"元宇宙"再到"心世界"的未来》，《新闻界》2021年第10期。

慧博物馆向时空再现、数据整合方向发展[1]。面对元宇宙发展,博物馆应与时俱进把握新机遇、迎接新挑战,积极主动参与建构元宇宙[2]。在元宇宙下建设智慧博物馆,使博物馆更趋一体化智能运行,发展文物保护技术,推动技术创新和应用,扩大我国优秀传统文化的传播,这必将成为建设智慧博物馆的新趋势[3]。展览是智慧博物馆服务体系的重要职能[4],需要探索智慧博物馆展览服务向元宇宙发展的路径。

二 定义与概念分析:能相互融合的文化生态

元宇宙和智慧博物馆都创造了一个与现实紧密相联的新世界。张啸、蔡奕渔和杨得聆认为元宇宙是一个独立且持续存在的大型三维网络平台,它结合了虚拟世界和物理世界。该平台跨越了4D时空连续体,整合了人机交互,并产生了经济价值。[5] 元宇宙涉及多个学科,包含众多技术,沈阳认为元宇宙是人文与理工的交叉融合,包括工程科学、自然科学、人文科学、社会科学[6]。博物馆是阐释和展示传播

---

[1] 顾振清、肖波、张小朋、刘健、何也、岳小莉、柴秋霞、谭姗姗、周虹霞、姚菲、王开、李荔:《"探索 思考 展望:元宇宙与博物馆"学人笔谈》,《东南文化》2022年第3期。

[2] 《六十位馆长、学者联名倡议博物馆积极参与建构元宇宙》,中国新闻网,https://www.chinanews.com.cn/cul/2022/03-26/9712215.shtml,最后检索时间:2023年7月8日。

[3] 耿国华、贺小伟、王美丽等:《元宇宙下的智慧博物馆研究进展》,《中国图象图形学报》2023年第6期。

[4] 中国博物馆协会登记著录专业委员会编《中国智慧博物馆建设发展研究:中国智慧博物馆蓝皮书(2016)》,红旗出版社,2016。

[5] X. Zhang, D. Yang, C. H. Yow, et al. Metaverse for Cultural Heritages. *Electronics*, 2022, 11(22).

[6] 《清华大学元宇宙发展研究报告3.0版发布》,Imagination网站,https://imgtec.eetrend.com/blog/2022/100565718.html,最后检索时间:2024年3月25日。

文化、艺术、科技知识的重要机构，段勇认为博物馆的宗旨和理念与元宇宙是相通的，博物馆的未来和使命与元宇宙是相融的[1]。博物馆通过元宇宙展示文化遗产内容，也将形成文化遗产元宇宙。文化遗产元宇宙是指涉及与文化遗产有关的物质和非物质文化遗产信息，这些信息不仅可用于数据收集、存储、展示、分享和保护，也用于修复、监测、保护、研究和传承文化遗产。[2]

智慧博物馆是数字博物馆与智能化技术应用相结合的博物馆智慧生态系统。智能化技术包括物联网与互联网等网络技术、高速通信技术、大数据分析与人工智能技术等。智慧博物馆在数字博物馆的基础上实现随时随地自动收集和智能分析人、物、活动信息并实时反馈，打造博物馆智慧生态系统。智慧博物馆以人为核心，实现博物馆保护、管理、服务工作智能化。

智慧展览是智慧博物馆的一种以观众为中心的智慧化互动展示服务。智慧展览能通过网络随时随地感知观众个体以及群体的需求变化，经过数据分析和智能处理，反馈给观众实体展、数字展或网络展个性化推荐内容。

因此，元宇宙作为媒介化社会的未来生态图景[3]，将变革人们的思维方式和行为认知[4]，智慧博物馆通过虚实共生[5]的网络平台，能以

---

[1] 《六十位馆长、学者联名倡议博物馆积极参与建构元宇宙》，中国新闻网，2022年，3月26日，https://www.chinanews.com.cn/cul/2022/03-26/9712215.shtml，最后检索时间：2023年7月8日。

[2] X. Zhang, D. Yang, C. H. Yow, et al. Metaverse for Cultural Heritages. *Electronics*, 2022, 11 (22).

[3] 喻国明、耿晓梦：《元宇宙：媒介化社会的未来生态图景》，《新疆师范大学学报》（哲学社会科学版）2022年第3期。

[4] 耿国华、贺小伟、王美丽等：《元宇宙下的智慧博物馆研究进展》，《中国图象图形学报》2023年第6期。

[5] 顾振清、肖波、张小朋等：《"探索 思考 展望：元宇宙与博物馆"学人笔谈》，《东南文化》2022年第3期。

智慧生态系统改变人们认识、理解文化的手段。

1. 元宇宙：平行于现实世界的虚拟世界

对元宇宙的定义，喻国明从文字含义角度认为"Meta"和"元"，意味着"超级""超越"，是一种更高的、超越的状态；verse 代表宇宙（universe），意味着"空间""世界"，是全面的、广泛的存在，元宇宙即超越于现实世界、更高维度的新型世界。① 元宇宙以前被称为"虚拟世界""虚拟生境""虚拟造境"等，钱学森建议将 virtual reality 译为"灵境"。② 朱嘉明定义元宇宙是一个平行于现实世界，又独立于现实世界的虚拟空间，是映射现实世界的在线虚拟世界，是越来越真实的数字虚拟世界。③ 张小朋提出元宇宙是以一系列关联技术作为驱动，以现实人类社会为主要模板，拓展人类主观意志，形成跨越时空意识和行为的一种社会框架概念。④ 沈阳定义元宇宙是整合多种新技术而产生的新型虚实相融的互联网应用和社会形态，它基于扩展现实技术提供沉浸式体验，基于数字孪生技术生成现实世界的镜像，基于区块链技术搭建经济体系，将虚拟世界与现实世界在经济系统、社交系统、身份系统上密切融合，并且允许每个用户进行内容生产和世界编辑。⑤

元宇宙概念是源自人们虚拟世界的想象，这个虚拟世界平行于现实世界，是通过技术手段构建出其形态和功能。弗诺·文奇（Vernor

---

① 沈阳、王儒西、向安玲：《清华大学｜2021 元宇宙发展研究报告（完整版）》，安徽产业网，https：//www.ahchanye.com/cyxt/5120.html，最后检索时间：2023 年 7 月 7 日。
② 顾振清、肖波、张小朋等：《"探索 思考 展望：元宇宙与博物馆"学人笔谈》，《东南文化》2022 年第 3 期。
③ 朱嘉明：《元宇宙与数字经济》，中译出版社，2022。
④ 顾振清、肖波、张小朋等：《"探索 思考 展望：元宇宙与博物馆"学人笔谈》，《东南文化》2022 年第 3 期。
⑤ 沈阳、王儒西、向安玲：《清华大学｜2021 元宇宙发展研究报告（完整版）》，安徽产业网，https：//www.ahchanye.com/cyxt/5120.html，最后检索时间：2023 年 7 月 7 日。

Vinge）提出人类大脑和计算机的连接接口概念，人类通过这个接口，可以走入由计算机和网络组成的虚拟世界[①]。尼尔·斯蒂芬森（Neal Stephenson）在其科幻小说《雪崩》（*Snow Crash*）中提出元宇宙（metaverse）概念[②]，认为在现实环境里的人类可以在元宇宙里创造与现实关联或没有关联的虚拟物，现实中的人或物可与元宇宙中的人或物相同、形成镜像映射关系，也可以不同或者不完全相同[③]。尼尔·斯蒂芬森的元宇宙概念启发了林登实验室（Linden lab）开发游戏"第二人生"（Second Life），在这个现象级的虚拟世界里，人们可社交、购物、建造、经商等。元宇宙概念的孕育与开放多人游戏紧密相关。例如 MUDs、MUSHe——第一个有文字交互界面、将多用户联系在一起的实时开放式社交合作世界；Habitat——第一个大型多人在线角色扮演游戏（MMORPG），也是第一个 2D 图形界面的多人游戏环境，首次使用了化身（avatar）；Web World——第一个轴测图界面的多人社交游戏，用户可以实时聊天、旅行、改造游戏世界，开启了游戏中的 UGC 模式；Worlds Incorporated——第一个投入市场的三维界面大型多人在线角色扮演游戏，强调开放性世界而非固定的游戏剧本。[④]

因此，元宇宙定义和概念的本质，在于构建一个与现实世界持久、稳定连接的数字世界，元宇宙将使物理世界中的人、物、场等要素与

[①] 顾振清、肖波、张小朋等：《"探索 思考 展望：元宇宙与博物馆"学人笔谈》，《东南文化》2022 年第 3 期。

[②] 当时中译本译为"超元域"。

[③] 〔美〕尼尔·斯蒂芬森：《雪崩》，郭泽译，四川科学技术出版社，2018。

[④] 沈阳、王儒西、向安玲：《清华大学 | 2021 元宇宙发展研究报告（完整版）》，安徽产业网，2022 年 1 月 12 日，https://www.ahchanye.com/cyxt/5120.html，最后检索时间：2023 年 7 月 7 日。

数字世界共享经验①。这个数字世界能为人们提供新的认知平台：它能跨越物理世界和虚拟世界、提供前所未有的交互性、以去中心化的方式运营②，进而拓展人类感官的维度③，也必然改变人们认识与理解文化的手段。

2. 智慧博物馆：虚实互补的智能化服务

宋新潮将智慧博物馆的定义分为狭义和广义两种，他认为狭义地说，智慧博物馆是基于博物馆核心业务需求的智能化系统；广义地讲，智慧博物馆是基于一个或多个实体博物馆（博物馆群），甚至是在文物尺度、建筑尺度、遗址尺度、城市尺度和无限尺度等不同尺度范围内，搭建的一个完整的博物馆智能生态系统。④ 他结合其公式"智慧博物馆=信息化基础+数字博物馆+互联网+物联网+云计算+大数据+人工智能+知识化服务+…（创新应用）"，提出较为通用的定义：智慧博物馆是通过充分运用物联网、云计算、大数据、人工智能等新一代信息技术，感知、计算、分析与博物馆运行相关的人、物、活动等信息，实现博物馆征集、保护、展示、传播、研究和管理活动智能化，显著提升博物馆服务、保护、管理能力的博物馆发展新模式和新形态⑤。

---

① 《微软 Ignite 2021 技术大会：围绕元宇宙、人工智能、混合办公、超连接业务，推进数字化创新》，微软，2021 年 11 月 3 日，https://news.microsoft.com/zh-cn/%E5%BE%AE%E8%BD%AFignite-2021%E6%8A%80%E6%9C%AF%E5%A4%A7%E4%BC%9A%EF%BC%9A%E5%9B%B4%E7%BB%95%E5%85%83%E5%AE%87%E5%AE%99%E3%80%81%E4%BA%BA%E5%B7%A5%E6%99%BA%E8%83%BD%E3%80%81%E6%B7%B7%E5%90%88%E5%8A%9E%E5%85%AC%E3%80%81%E8%B6%85%E8%BF%9E%E6%8E%A5%E4%B8%9A%E5%8A%A1%EF%BC%8C%E6%8E%A8%E8%BF%9B%E6%95%B0%E5%90%88%E5%AE%98%E5%AE%98%E5%AE%99%E3%80%82%E6%B7%B7%E5%8A%9E%E7%8E%AF%E8%E5%B7%A5%E5%96%E5%B7%A5%E5%96%E5%B7%A5%E5%96%E5%B7%A5%E5%96/，最后检索时间：2023 年 7 月 7 日。

② 王岳川：《"元宇宙"的前世今生》，智通财经网，https://www.zhitongcaijing.com/content/detail/601397.html，最后检索时间：2023 年 7 月 7 日。

③ 沈阳、王儒西、向安玲：《清华大学 | 2021 元宇宙发展研究报告（完整版）》，安徽产业网，https://www.ahchanye.com/cyxt/5120.html，最后检索时间：2023 年 7 月 7 日。

④ 宋新潮：《关于智慧博物馆体系建设的思考》，《中国博物馆》2015 年第 2 期。

⑤ 文物保护领域物联网建设技术创新联盟编著《智慧博物馆案例（第一辑）》，文物出版社，2017。

陈刚认为智慧博物馆是以数字博物馆为基础，充分利用物联网、云计算等新技术构建的以全面透彻的感知、宽带泛在的互联、智能融合的应用为特征的新型博物馆形态，[1] 他从技术应用的角度认为"智慧博物馆=数字博物馆+物联网+云计算+移动互联网+大数据+人工智能"[2]。段勇认为智慧博物馆是指通过充分运用云计算、物联网、移动通信、大数据等新一代信息技术，感知、计算、分析与博物馆运行相关的人、物、活动和数据信息，实现博物馆征集、保护、展示、传播、研究和管理活动智能化，提升博物馆服务、保护、管理能力的博物馆发展新模式和新形态。[3] 耿国华等认为智慧博物馆在数字博物馆已有的设计基础上，结合人工智能、大数据管理等技术，整合博物馆馆内资源，进行信息化管理，解决目前博物馆存在的信息孤岛、文物资源管理困难等问题，最终目的是打造一个智慧化的博物馆生态体系。[4] 金瑞国认为智慧博物馆是在博物馆信息化、数字博物馆研究与实践基础上发展起来的新理念、新事物。[5]

宋新潮认为智慧博物馆的主要特点包括更全面交互的公众智慧服务、更透彻感知的文物智慧保护、更敏捷高效的业务智慧管理[6]。陈刚认为相较于数字博物馆，智慧博物馆的主要特点在于其能够感知博物馆的物、人、空间，并能通过网络融合各种数据，来实现以人为核心的服务理念。段勇认为智慧博物馆需要通过信息技

---

[1] 中国博物馆协会登记著录专业委员会编《中国智慧博物馆建设发展研究：中国智慧博物馆蓝皮书（2016）》，红旗出版社，2016。

[2] 陈刚：《智慧博物馆——数字博物馆发展新趋势》，《中国博物馆》2013年第4期。

[3] 段勇主编《智慧博物馆理论与实务》，上海大学出版社，2021。

[4] 耿国华、贺小伟、王美丽等：《元宇宙下的智慧博物馆研究进展》，《中国图象图形学报》2023年第6期。

[5] 中国博物馆协会登记著录专业委员会编《中国智慧博物馆建设发展研究：中国智慧博物馆蓝皮书（2016）》，红旗出版社，2016。

[6] 宋新潮：《关于智慧博物馆体系建设的思考》，《中国博物馆》2015年第2期。

术，发挥人的智慧来实现：一是要以观众需求为本；二是要真正解决观众的问题；三是要让观众参与；四是不仅要以已有的观众为本，也要为潜在的观众着想。他认为智慧博物馆的主要特点是便利性、互联性、高效性。便利性是通过网络为博物馆的运营管理、观众参观以及博物馆与观众间的直接关系带来的便利；互联性是基于各种网络、传感设备的互联，这种互联是物与人之间的立体化互联，体现为博物馆的物理空间、各类人、博物馆物与人之间的互联；高效性体现为博物馆科学、规范地管理内部工作、协调外部事务、服务观众的高效性。段勇总结智慧系统的核心内容不再是数字资源建设与展示利用，而是强调物与物的信息交互、人与物的信息交互，以及如何通过云计算和大数据分析技术实现智慧化的信息处理与分析。①

3. 智慧博物馆的展览：以人为中心的服务

陈刚等定义智慧博物馆展览是其智慧服务体系的一项职能②，他提出智慧博物馆通过利用移动通信/互联网、云计算、大数据分析、人工智能、多媒体（包括 3D/4D、VR/AR 等）技术，实现社会公众与网络平台、藏品、展厅及相关设备设施的智能化互动展示服务。智慧博物馆社会服务的智慧化要求能随时随地感知观众个体和特定群体的需求变化，通过互联网/移动通信网络传输至云端和计算资源池，进行大数据分析和智能化处理。③

陈刚等强调智慧博物馆展览区别于数字博物馆的主要特点为智慧

---

① 段勇主编《智慧博物馆理论与实务》，上海大学出版社，2021。
② 中国博物馆协会登记著录专业委员会编《中国智慧博物馆建设发展研究：中国智慧博物馆蓝皮书（2016）》，红旗出版社，2016。
③ 中国博物馆协会登记著录专业委员会编《中国智慧博物馆建设发展研究：中国智慧博物馆蓝皮书（2016）》，红旗出版社，2016。

博物馆强化人在博物馆中的主体地位，关注用户视角的服务设计和提供以开放服务为主题的智慧博物馆内容，强调观众参与和用户体验。[1] 宋新潮认为智慧博物馆展览区别于数字博物馆的新特征包括智慧服务的云计算和大数据平台、面向观众的个性化智能导览平台[2]。段勇认为智慧博物馆展览能随时随地感知观众个体和特定群体的需求变化，通过互联网/移动通信网络传输至云端存储和计算资源池，进行大数据分析和智能化处理并及时反馈给观众，例如通过分析观众偏好以及定位观众在展厅里的位置，为观众定制个性化参观游览路线、提供个性化讲解、推送个性化活动与文创信息等。[3] 封松林提出博物馆的智慧化展示与体验建设需突破以资源为中心的传统参观模式，转变为以观众为中心，重视观众的感受和参与度，利用现代高科技的声、光、电、数字化等技术，将博物馆资源动态化，对隐性的历史文化资源进行还原，使其具有画面感和动感，以增强普通观众对历史文化的识读能力。[4]

因此，从定义和概念来理解，元宇宙和智慧博物馆都具备《关于博物馆积极参与建构元宇宙的倡议》中提出的"资源共享，普惠互利""场景共创，提升自己""标准共建，与时俱进""责任共担，守正创新"[5]内涵。智慧博物馆在元宇宙未来生态中，建立智慧生态系统框架。接下来，本文介绍与分析智慧博物馆的框架内容。

---

[1] 中国博物馆协会登记著录专业委员会编《中国智慧博物馆建设发展研究：中国智慧博物馆蓝皮书（2016）》，红旗出版社，2016。

[2] 宋新潮：《关于智慧博物馆体系建设的思考》，《中国博物馆》2015年第2期。

[3] 段勇主编《智慧博物馆理论与实务》，上海大学出版社，2021。

[4] 中国博物馆协会登记著录专业委员会编《中国智慧博物馆建设发展研究：中国智慧博物馆蓝皮书（2016）》，红旗出版社，2016。

[5] 《六十位馆长、学者联名倡议博物馆积极参与建构元宇宙》，中国新闻网，https://www.chinanews.com.cn/cul/2022/03-26/9712215.shtml，最后探索时间：2023年7月8日。

三 智慧博物馆的框架：观众、藏品、数据的互动建设

我国专家提出了建设总体框架、标准、体系架构，为智慧博物馆展览在整体框架内定义了工作属性、标准、建设方案。宋新潮提出智慧博物馆特征模型，认为角色、对象、活动、数据是构成智慧博物馆框架的四个基本维度。他认为基于物、人、数据动态双向多元信息传递模式，"智慧"拥有两种能力：一是能及时、全面、准确地获得博物馆相关物、人、事件的数据和信息，并分析获取其知识的能力；第二是根据物、人、事件的现象，通过计算来分析、认知、推理、理解、判断并做出决策的能力。所以他指出智慧服务、智慧保护、智慧管理是智慧博物馆的工作蓝图。智慧博物馆展览属于智慧服务工作，通过传感、虚拟现实、增强现实、网络等技术，以突破传统时空界限的展示方式，向到馆和非到馆参观的观众提供信息和体验。智慧博物馆的定义和特征模型奠定了智慧博物馆各项研究的基础，形成智慧博物馆展览研究的总体框架和体系。[1]

在智慧博物馆定义和特征模型的基础上，我国专家细分研究了建设标准和系统架构，并基本形成建设方案。杨晓飞等提出智慧博物馆标准化体系框架，框架包括顶层设计类标准、采集传输与管理类标准、应用服务类标准三个大类，以及主要标准规范13个小类。[2] 与智慧博物馆展览直接相关的小类标准包括：博物馆通信与定位网络建设指南、智慧博物馆观众服务质量测评指南（属于"采集传输与

---

[1] 宋新潮：《关于智慧博物馆体系建设的思考》，《中国博物馆》2015年第2期。
[2] 中国博物馆协会登记著录专业委员会编《中国智慧博物馆建设发展研究：中国智慧博物馆蓝皮书（2016）》，红旗出版社，2016。

管理类标准"大类）、数字化专用终端交互技术要求、博物馆导览服务技术要求（属于"应用服务类标准"大类）等。陈刚等提出智慧博物馆4+2体系架构，强调提供关注用户视角的服务设计、提供以开放服务为主题的博物馆内容，强调观众参与和用户体验[①]。张小朋认为智慧博物馆核心系统是建筑/设备系统、业务系统、观众系统、数据通信系统、决策支持系统[②]，并围绕核心系统提出"感知—判断—执行"的智慧博物馆建设方案[③]。沈贵华提出基于组件化和分层构架思想的智慧博物馆信息化平台总体技术架构，并总结了其应用于建设省级智慧博物馆信息化平台已实现的六个功能：一是"一张地图"展现全省文博资源；二是与"一普"数据对接，满足数据资源共享与应用；三是统一导览服务，助力线下实体展览数字化提升；四是引入虚拟现实技术；五是用户虚拟参观行为数据的获取和分析；六是对接文创平台。[④] 建设标准、系统架构、建设方案为智慧博物馆展览明确了建设路径，逐步形成从数字化展览向智慧化展览的建设方式。

从观众、藏品、数据三个维度的互动，我国专家研究了以观众为核心的智慧博物馆的展览设计和技术开发方式。金瑞国认为智慧博物馆发展的主体将移至用户，将涌现更多个性化的"人人"的博物馆。[⑤] 仇岩提出智慧博物馆能分析观众基本信息、行为信息、查询与交互信

---

① 中国博物馆协会登记著录专业委员会编《中国智慧博物馆建设发展研究：中国智慧博物馆蓝皮书（2016）》，红旗出版社，2016。
② 中国博物馆协会登记著录专业委员会编《中国智慧博物馆建设发展研究：中国智慧博物馆蓝皮书（2016）》，红旗出版社，2016。
③ 张小朋：《论智慧博物馆的建设条件和方法》，《中国博物馆》2018年第3期。
④ 中国博物馆协会登记著录专业委员会编《中国智慧博物馆建设发展研究：中国智慧博物馆蓝皮书（2016）》，红旗出版社，2016。
⑤ 中国博物馆协会登记著录专业委员会编《中国智慧博物馆建设发展研究：中国智慧博物馆蓝皮书（2016）》，红旗出版社，2016。

息，来全面感知、精准预见需求，指导服务体系工作。[①] 邵小龙提出用数据挖掘观众对展览的喜好，为博物馆展览提供数据支撑。[②] 杨拓提出将人工智能用于展陈导视，来满足观众个性化、差异化需求。[③] 彭静等提出博物馆应用设计要以用户需求为中心，并分析了线下参观的定位服务、馆内互动设计。[④] 刘绍南等从知识图谱入手研究了推荐算法应用。[⑤] 王春法等认为"智慧国博"项目充分利用以藏品信息为核心的相关数据，满足公众展览参观的需求[⑥]。综上，我国已开始研究智慧博物馆展览的设计和技术开发架构、体系、服务，通过观众、藏品、数据之间的互动建设智慧化展览。

因此，在国家政策和专家研究的引导下，我国智慧博物馆已在总体框架、标准、体系架构内逐步开始了智慧化展览建设，并取得阶段性成果。为落实智慧博物馆建设，国家文物局于2014年指定了7家博物馆[⑦]试点智慧博物馆建设，随后中国国家博物馆、故宫博物院、敦煌研究院等几十家博物馆也开始探索智慧博物馆建设，成果案例日益丰富。接下来，本文以案例综述的方式，分别从数据库、智慧化展览、数字人文等角度，综述和分析我国智慧博物馆展览建设现状。

---

① 中国博物馆协会登记著录专业委员会编《中国智慧博物馆建设发展研究：中国智慧博物馆蓝皮书（2016）》，红旗出版社，2016。
② 邵小龙：《以互联网思维推进智慧博物馆建设》，《中国博物馆》2015年第3期。
③ 杨拓：《新技术视角下博物馆发展实践与趋势》，《中国国家博物馆刊》2019年第11期。
④ 彭静、王刚：《博物馆APP基于用户需求服务的新价值》，《出版广角》2018年第21期。
⑤ 刘绍南、杨鸿波、侯霞：《文物知识图谱的构建与应用探讨》，《中国博物馆》2019年第4期。
⑥ 王春法：《智慧博物馆建设中的机遇和挑战》，《中国国家博物馆馆刊》2019年第1期。
⑦ 这7家博物馆分别是：秦始皇帝陵博物院、内蒙古博物院、广东省博物馆、甘肃省博物馆、金沙遗址博物馆、苏州博物馆、山西博物院。

四　智慧博物馆数据库：智慧展览资源平台建设

智慧博物馆数据库是以关联各业务为框架，以梳理整合各种数字资源为基础的统一综合应用与服务管理系统。此系统为智慧展览提供内容供给、观众信息互动、藏品管理等服务，为智慧博物馆分析数据、推理因果关系、理解知识及其关联信息、判断行为和目的、决策工作奠定基础。

黄青松认为利用数据并让数据说话，是智慧博物馆建设的核心问题[①]，业务架构设计是博物馆信息化体系建设的基础[②]。他提出业务架构的设计首先要对服务方的各项业务进行优化和整合，消除业务盲区，覆盖全业务，并且还要应对今后可能出现的业务变化和更新。为建设广东省博物馆智慧博物馆数据库平台，黄青松、郭舒琳和同事们创造性地构建了数字资源管理中心，管理包括藏品图片、新闻照片、视频、三维数据、文档等数据，并统一著录元数据信息，可以进行检索、浏览和授权管理；为满足观众管理需求，创建观众数字化管理中心，通过分析公众行为深入了解观众需求，改善和提升存在的问题。此外，智慧博物馆平台还设有管理会员、网络媒体中心、图书资料室、办公系统、财务系统、人力资源管理、文创销售、安全包围、智能建筑等数据内容，平台也包含创造性的业务内容，例如展览策展、教育活动、讲座沙龙、学术科研和文物保护等。以此平台为基础，广东省博物馆重构了共享式业务服务框架体系和"一站式"门户系统，建成了广东省博物馆智慧博物馆平台，打破了各项业务之间的壁垒，以智

---

① 黄青松：《从数字到数据的智慧博物馆》，《中国文化报》2016年4月18日。
② 黄青松：《基于共享式的业务架构设计——以广东省博物馆智慧博物馆平台为例》，《文博学刊》2019年第3期。

慧化的业务流程设计和人性化的组织架构，实现了信息资源共享，提升了工作人员的业务能力。而且该平台实现了信息资源的实时获取，以及信息系统对业务的作用转向实时的全流程支撑，结合各个业务场景，通过统一的数据接口，消除数据交互的障碍，保证平台上各项数据的重复使用和循环利用。①

王鹏远认为要建立统一的资源平台来支撑智慧博物馆的整个体系，使博物馆相关部门之间的信息能实时共享、相互支撑。王鹏远分析了中国国家博物馆的数字资源构成、数字资源采集、数字资源平台建设、数字资源平台的安全保障、数字资源的管理等，他认为数字资源平台应设计和建设成云基础架构，保证可按业务需要在平台上灵活部署新设备，也充分利用设备、存储和计算资源。② 敦煌研究院建设"数字敦煌"项目，首先，将敦煌石窟的壁画、彩塑、建筑、藏经洞出土的文物、遗址周围的环境数字化，将产生的海量文字、图像、音频、视频、三维数据、全景漫游数据纳入数字资产管理系统；其次，通过知识网络、图像检索、语义检索、大数据知识挖掘等技术，管理和使用这些数字资产，并通过网络传播敦煌文化的历史、艺术、科技内容。③ 姚卫东分析了四川博物馆统一架构的基础平台系统，具体包括建立起拥有稳定数据结构且不失弹性的数据私有云，并基于数据交换系统和数据资源池通过预置的各种数据功能单元，由简到繁、由易到难构建复杂应用系统，实现博物馆多系统间的数据共享、访问和协同。④

---

① 黄青松：《基于共享式的业务架构设计——以广东省博物馆智慧博物馆平台为例》，《文博学刊》2019年第3期。
② 王鹏远：《中国国家博物馆智慧国博建设的思考》，《中国博物馆》2019年第2期。
③ 中国博物馆协会登记著录专业委员会主编《中国智慧博物馆蓝皮书（2018）》，世界知识出版社，2018。
④ 中国博物馆协会登记著录专业委员会编《中国智慧博物馆建设发展研究：中国智慧博物馆蓝皮书（2016）》，红旗出版社，2016。

卢民和邵云提出建立分布式的博物馆数字资源库来解决信息共享的问题，分析了采用大规模分布式系统的典型案例——大学数字博物馆项目，并介绍了数据集成通过网络技术消除系统分布性和异构性障碍的方法。①游庆桥和王智玉分析了智慧博物馆的藏品数据资源建设，分析了藏品信息资源的价值、数据资源的建设和应用，并提出数据标准、管理制度、信息版权、数据共享是建设中需要进一步解决的问题。②

我国专家也对构成数据库的基础标准开展了研究工作，为智慧博物馆数据规范建设提供新思路。杨晓飞、陈昀、郑会平研究了智慧博物馆相关标准规范建设并提出制定标准规范的体系框架编制计划。③黄明玉在总结中国文博领域文物分类方法以及分析了数字化工作中的文物分类标准化要求的基础上，提出以知识组织概念构建文物分类索引典。她认为知识组织、语义网络所要求的方法学使得文物分类研究必须向分面分类法、语义学研究推进，如分面属性的决定，以及相关概念和词汇的框架和语义关系（同等、层级和联想关系）的建立，对我国文物学研究的理论建设具有重要意义。④

五　智慧博物馆展览个性化阐释：人性化、全景式展示服务

智慧展览是整合多媒体化的展示形式、智能化的藏品信息管理、智能化的观众行为导览和管理、开放的信息资源互动、线上线下内容互通

---

① 卢民、邵云：《博物馆数字资源的管理与共享》，《中国博物馆》2015年第2期。
② 中国博物馆协会登记著录专业委员会编《中国智慧博物馆建设发展研究：中国智慧博物馆蓝皮书（2016）》，红旗出版社，2016。
③ 中国博物馆协会登记著录专业委员会编《中国智慧博物馆建设发展研究：中国智慧博物馆蓝皮书（2016）》，红旗出版社，2016。
④ 黄明玉：《文物分类：从库房管理到知识组织的转变》，《中国博物馆》2016年第1期。

的展览服务。展览的智慧化体现在对观众的人性化服务，是应用定位、导航、识别、数据分析、人工智能、虚拟现实、增强现实、体感等科技，智能导览观众并智能讲解，提供沉浸式展览体验，使观众能与展览内容交互，并能线上线下互动理解。智慧展览是智慧博物馆活化藏品内容的展览形式，为观众提供可感、易知、全景体验的人性化服务。

1. 感知定位与导览：基于空间的个性化服务

智慧博物馆定位系统以蓝牙和 IBeacon 技术为主，通过与观众的移动端应用或小程序的交互，在博物馆现场定位移动端所在位置，进而确定观众在博物馆的位置并提供导览服务。系统通过精准定位导览终端、推荐参观路线，在参观过程中智能导航和推送讲解，实现跟踪式导览服务，并在参观后回放过程内容，智能服务观众参观过程，优化观众体验。

薛峰指出山西博物院的智慧导览系统主要包括 5 项服务：游客兴趣趋向分析系统、智能推荐与导览路径规划服务、基于图像的无障碍文物快速检索服务、游客个性化导览内容生成服务、个性化游览记录服务。[1] 张宝圣深入解释了山西博物院的无线定位系统和智慧导览系统。山西博物院无线定位系统是结合 BLE4.0 无线定位和多模定位等技术，应用在无线区域网覆盖的区域，实现了到馆观众的室内定位、人机交互、精准定位、线路导航、位置搜索、兴趣点定位分析、轨迹回收、信息推送讲解、导览终端监测和追踪任务，能够准确搜寻到定位对象，并实现对人员和设备的实时定位和监控管理[2]。定位观众移动终端是实现智能导览的基础，智慧化个性导览系统能通过观众的手机应用根据其兴趣趋向分析提供服务。张宝圣解释：观众在个人智能

---

[1] 中国博物馆协会登记著录专业委员会编《中国智慧博物馆建设发展研究：中国智慧博物馆蓝皮书（2016）》，红旗出版社，2016。

[2] 张宝圣：《山西博物院数字化平台建设研究》，《图书情报导刊》2019 年第 7 期。

移动终端上安装山西博物院智慧导览 App 后，即可通过移动互联网、蓝牙定位等先进技术，体验线上和现场服务，并可享受专业的导览服务；另外，通过智能移动终端下载的资源支持馆外使用，使观众在离馆后仍能继续学习和回味，有利于博物馆文化传播功能的推广和延伸①。薛峰与张宝圣的研究从整体架构和具体实施角度解释了智慧化个性导览系统的建设方法，分析了技术路线，并详细介绍了系统智慧导览观众的服务内容。

姚卫东在四川博物院智慧博物馆整体框架内分析了多媒体导教可视化系统，介绍了其能定位、能看、能听、能说、能播、能查、能玩的服务。该系统基于互动视频、定位导航技术、观众行为分析技术，结合数字化终端中的方向感应器、重力感应器、陀螺仪、加速度感应器、GPS 等多种传感器，提供针对观众的个性化、智能化、具备多种互动方式的展示。②

沈晓峰分析了苏州博物院以智慧为准绳、服务为核心的智慧建设，例如基于 Wi-Fi 技术和 IBeacon 技术的室内无线定位系统，根据观众位置、目的地以及途经的文物展品等个性化参数来主动引导观众参观馆内文物的导览系统等③。

2. 智能化讲解知识：人性化互动交流

智慧博物馆讲解是基于个性化的观众服务系统，是在定位和导览基础上，针对观众分类或个体，提供个性化讲解内容和媒体形式。智能化讲解的核心技术是观众画像、大数据分析、智能推送等，并需要

---

① 张宝圣：《山西博物院数字化平台建设研究》，《图书情报导刊》2019 年第 7 期。
② 中国博物馆协会登记著录专业委员会编《中国智慧博物馆建设发展研究：中国智慧博物馆蓝皮书（2016）》，红旗出版社，2016。
③ 中国博物馆协会登记著录专业委员会编《中国智慧博物馆建设发展研究：中国智慧博物馆蓝皮书（2016）》，红旗出版社，2016。

能在多种讲解设备或智能终端上使用。

莫高窟"敦煌小冰"人工智能聊天机器人能为观众智能讲解敦煌文化、历史、旅游、学术研究等各类知识和话题。"敦煌小冰"在学习《敦煌学大辞典》知识内容基础上,通过深度学习互联网上的知识和人机互动信息来不断完善其讲解能力,上线后每年为上百万的观众智能讲解莫高窟文化知识。①

3. 虚拟现实与增强现实展示:全景化沉浸式体验

通过应用虚拟现实与增强现实技术,智慧博物馆为观众提供知识可视化服务,活化展示馆藏文物资源和知识内容。

从2000年开始,故宫博物院逐步探索应用虚拟现实技术采集故宫的古建筑和文物三维数据,并用这些数据结合软件技术开发网络应用,为观众提供全景沉浸式体验服务。例如2018年,故宫博物院创作了《紫禁城·天子的宫殿》《三大殿》《养心殿》《倦勤斋》《灵沼轩》《角楼》《御花园》共7部基于剧场环境的虚拟现实节目②。吴萌、白若冰等介绍了故宫博物院的虚拟现实技术对文物保护与展示的应用和开发。2017年在"发现·养心殿——主题数字体验展"中开发了虚拟现实VIVE体验区,观众使用虚拟现实设备操作应用,从异于实体参观的视角看到养心殿,并欣赏到精选的陶瓷、玻璃、金银器、玉器、青铜、雕漆等文物的高精度三维模型,以交互方式体验其制作工艺、纹饰特点、使用方式等。③。朱诺·瑞尔(Juno Rae)全面介绍了大英博物馆

---

① 《人工智能革命:莫高窟"敦煌小冰"陪你聊天》,新华网,http://www.xinhuanet.com/world/2017-05/11/c_129599417.htm,最后检索时间:2022年7月3日。

② 潘子璇:《呦呦鹿鸣、绛雪海棠…VR节目〈御花园〉带你游览百年前的故宫御花园》,《新民晚报》,微信公众号,https://wap.xinmin.cn/content/31467413.html,最后检索时间:2022年7月12日。

③ 中国博物馆协会登记著录专业委员会主编《中国智慧博物馆蓝皮书(2018)》,世界知识出版社,2018。

三星数字发现中心的虚拟现实活动，通过创造出适合家庭团体的虚拟现实体验，借助3D扫描技术将博物馆藏品重现于当时的历史时代。[1] 张啸从具身认知维度分析了智慧博物馆虚拟现实在网络社会形成的集体记忆，认为博物馆运用虚拟现实技术使文化遗产内容以符号方式再生存于网络空间，联系起分布式认知，共同建构文化遗产超级存在。[2] 宁波与谷立鹏介绍了运用多人虚拟现实展示系统展示的云冈石窟第18窟的开发过程，解释了运用严格把控场景模型体量和使用成熟稳定的光学定位系统，来解决观众使用传统虚拟现实展示系统时出现眩晕感的问题。[3] 李洪光介绍了吉林省博物馆的虚拟现实体验馆，其有效提升了游客对博物馆的认识和了解，提高了博物馆的吸引力、趣味性和互动性。[4] 上海博物馆的丹青宝筏——董其昌书画艺术大展在线推出秋兴八景图全景漫游[5]，通过三维建模董其昌绘画作品构成虚拟的风景环境，观众通过虚拟现实全景方式在线欣赏，品味画中意境。

故宫博物院开发《千里江山图》增强现实项目，通过增强现实技术和环幕投影结合来展现《千里江山图》内容。[6] 卞雅洁、孙健等介

---

[1] 朱诺·瑞尔（Juno Rae）（英国）、利兹·爱德华兹（Lizzie Edwards）（英国）、胡兴文：《大英博物馆的虚拟现实技术：对学校和家庭学习所呈现的价值》，《中国博物馆》2018年第2期。

[2] 张啸、杨得聆：The "Hyper-Presence" of Cultural Heritage in Shaping Collective Memory. *Presence: Teleoperators and Virtual Environments*, 2019, 27 (1).

[3] 中国博物馆协会登记著录专业委员会主编《中国智慧博物馆蓝皮书（2018）》，世界知识出版社，2018。

[4] 中国博物馆协会登记著录专业委员会编《中国智慧博物馆建设发展研究：中国智慧博物馆蓝皮书（2016）》，红旗出版社，2016。

[5] 《丹青宝筏——董其昌书画艺术大展》，上海博物馆网站，2018年12月7日，https://www.shanghaimuseum.net/museum/dongqichang/index.html，最后检索时间：2022年7月11日。

[6] 吴亚雄、蒋波：《中国文化瑰宝 X 顶级 AR 视觉团队 领衔倾情还原〈千里江山图〉》，人民网，http://ent.people.com.cn/n1/2018/0115/c1012-29765511.html，最后检索时间：2022年7月11日。

绍了东晋历史文化博物馆智慧导览系统中使用增强现实导览的服务，通过屏幕里的虚拟导游为观众领路指引参观。① 冯晓琪、刘念等解释了科技馆古代农具增强现实展示的技术和开发流程。② 张啸以具身理论为基础，分析了基于观众亲身体验的文化遗产增强现实设计③，并从增强现实与虚拟现实相结合的角度分析了通过交替现实展示文化遗址的方法，优化了混合现实的展示方式，为大体量文化遗址展示提供了新的设计思路。④

4. 数字媒体装置展示：多元化阐释展品

黄墨樵综述了故宫博物院端门数字馆的设计，让观众直观和全面地认识故宫通过数字媒体展示藏品的方法。展览依靠故宫的三维数据优质资源，以呈现精准的文物数字化虚拟形态为基础，以视听引导－兴趣点切入－互动沟通－获取感性认识为展示设计流程，内容包括 9 个部分："数字沙盘"展项、"数字长卷"展项、"数字书法"展项、"数字绘画"展项、"数字多宝阁"展项、"数字宫廷原状"展项、"数字宫廷服饰"展项、"数字宫廷织绣画"展项、"虚拟现实剧场"展项。⑤ 在展览中还运用了语音语义和图像识别等人工智能技术，让观众可与屏幕里的数字虚拟人——皇宫里的老臣对话。⑥。2018 年故宫

---

① 中国博物馆协会登记著录专业委员会主编《中国智慧博物馆蓝皮书（2018）》，世界知识出版社，2018。

② 冯晓琪、刘念、郭霄宇等：《AR 技术在科技馆古代农具展示中的研究及实现》，《计算机工程与科学》2019 年第 12 期。

③ 张啸：《基于身体体验的文化遗产增强现实设计：新中国·新时代：影视的历程与图景——中国高等学校影视学会第十二届中国影视高层论坛论文集》，中国国际广播出版社，2020。

④ 张啸、杨得聆：《基于 VR、AR 与真实环境交替的遗址展示信息设计探析》，《美术学报》2020 年第 4 期。

⑤ 黄墨樵：《故宫文化遗产展示的创新实践浅谈——端门数字馆设计综述》，《文物鉴定与鉴赏》2016 年第 8 期。

⑥ 中国博物馆协会登记著录专业委员会主编《中国智慧博物馆蓝皮书（2018）》，世界知识出版社，2018。

博物院与凤凰卫视联合举办的《清明上河图3.0》高科技互动艺术展演在故宫箭亭广场展出,通过高科技4D球幕体验、360度环绕的全息立体空间还原清明上河图长卷风貌。① 2021年举办的第二届"文化+科技"国际论坛及故宫腾讯沉浸式数字体验展,在"锦绣世界"展区、"流光溢彩"展区、"梦幻江南"展区、"锦绣世界"展区、"巧思成'纹'"展区、"纹窗弄影"展区、"瑞意祥纹"展区,使用了文物图像算法优化、裸眼3D、增强现实、360度环幕等技术,展示故宫文物的数字内容。②

敦煌研究院开发"当壁画遇上二十四节气"项目,通过文化与科技融合的方式,将二十四节气中的文化内涵与敦煌壁画中相关的画面进行结合,让古老的壁画与现代生活进行连接。③ 于淼、王亮分析了湖北省博物馆为掌上智慧博物馆App设计的分众化媒体内容,包括《曾侯乙地宫探秘》等动画片和游戏、《彩漆木雕鸳鸯盒》等教学App、《文物与成语》广播剧,以及电子书等④。刘华成介绍了重庆中国三峡博物馆的多媒体互动展示魔墙和三峡大坝数字沙盘。⑤

5. 在线展览:观展渠道网络化拓展

我国绝大多数博物馆都设有网站,为观众提供在线展览和其他服务。越来越多的观众通过网络观展,2020年新冠疫情期间,全国博物

---

① 《故宫博物院〈清明上河图3.0〉高科技互动艺术展演》,《装饰》2018年第7期。
② 陈姝:《这场没有文物的文物展,是故宫和腾讯的一场技术大秀》,"人民融媒体"百家号,https://baijiahao.baidu.com/s?id=1719636868935377971&wfr=spider&for=pc,最后检索时间:2022年7月11日。
③ 李瑞:《"智慧博物馆"展亮相2019中国国际智能产业博览会》,中国政府网,http://www.gov.cn/xinwen/2019-08/27/content_5424879.htm,最后检索时间:2022年7月12日。
④ 中国博物馆协会登记著录专业委员会主编《中国智慧博物馆蓝皮书(2018)》,世界知识出版社,2018。
⑤ 中国博物馆协会登记著录专业委员会主编《中国智慧博物馆蓝皮书(2018)》,世界知识出版社,2018。

馆推出2000多个线上展览，总浏览量超过50亿人次。① 随着网络的普及，云看展、VR看展已成为观众参观博物馆的重要方式。

2020年2月至3月，国家文物局通过文化和旅游部新媒体平台、国家文物局政府网站，推出了6批共300个网上展览资源，为观众提供了丰富的文物、科普、博物馆知识。② 例如，故宫博物院的"贺岁迎祥——紫禁城里过大年"③、中国国家博物馆的"归来——意大利返还中国流失文物展"④、中国人民革命军事博物馆的"军事博物馆历代军事陈列数字展馆"⑤、首都博物馆的"首都博物馆网上体验馆"⑥ 等。

为提升观众线上观展的虚拟到场参观体验感，我国专家研究了在线展览的建设，很多博物馆推出线上三维展览。黄洋总结云展览分为三类：图文在线展、实景三维展、三维虚拟展。他分析云展览的传播模式包括博物馆、云展览、观众三部分的互动，其中云展览由物的数字化信息、技术、网络构成，云展览的信息到达观众后，观众个体之间的认知、情感、行为相互影响，形成反馈信息传递给博物馆和云展览。黄洋分析云展览架构由原生数据层、数据加工层、呈现推广层组

---

① 《全国免费开放博物馆达4929家 去年全年接待观众10.22亿人次》，中国政府网，http://www.gov.cn/xinwen/2020-05/19/content_5512824.htm，最后检索时间：2022年7月16日。
② 中华人民共和国文化和旅游部：《在线博物馆》，中华人民共和国文化和旅游部网站，https://www.mct.gov.cn/preview/special/8830/8834/8840/，最后检索时间：2022年7月16日。
③ 《贺岁迎祥——紫禁城里过大年》，故宫博物院网站，https://www.dpm.org.cn/subject_hesui/guide.html，最后检索时间：2023年7月8日。
④ 《归来——意大利返还中国流失文物展》，中国国家博物馆网站，https://www.chnmuseum.cn/portals/0/web/zt/20190424guilai/，最后检索时间：2023年7月8日。
⑤ 《军事博物馆历代军事陈列数字展馆》，中国人民革命军事博物馆网站，http://3d.jb.mil.cn/lidai/index.html，最后检索时间：2023年7月8日。
⑥ 《首都博物馆网上体验馆》，首都博物馆网站，http://www.capitalmuseum.org.cn/zlxx/wstyg.htm，最后检索时间：2023年7月8日。

成，其构建原则包括坚持内容为王、重视技术渠道、打造聚合平台。① 余晓洁、马丽以中国国家博物馆实践为例，分析了博物馆的云端智慧传播建设：组建新闻传播处，深化云端国博网微端融合发展。她们对智慧传播提出三点建议：深耕内涵、做强内容，合理应用新媒体技术，用技术革新发展智慧传播。② 李碧薇分析了博物馆线下展览与线上展览协同发展思路。中国国家博物馆"伟大的变革——庆祝改革开放40周年大型展览"在4个月的展期内点击量突破4亿人次，其在新冠疫情期间组织策划，并连续推出《国博邀您云看展》《国博珍藏云欣赏》《国博好课》等多个栏目的线上展览。其中"永远的东方红"无实体云展览5G开幕直播云导览吸引780万网民进入直播间，全球五大洲馆长在线接力展示珍藏累计吸引2亿观众。③ 故宫博物院（2017）"V故宫"项目使用虚拟现实技术展现"灵沼轩"现在的外景以及未来竣工后的模拟景观。④ 广东省博物馆应用虚拟现实技术线上展览藏品，通过展厅高清全景图像结合交互技术，观众在线观展并能查询展品介绍。

六 智慧博物馆元宇宙展示：虚实融合、共生、相济

智慧博物馆元宇宙展示用实时3D驱动和交互可视化技术，通过虚拟内容与真实环境间的融合、共生、相济，增强观众对展览的理解和情感联系，提升智慧博物馆与观众间的互动。耿国华等从文物数字

---

① 黄洋：《博物馆"云展览"的传播模式与构建路径》，《中国博物馆》2020年第3期。
② 余晓洁、马丽：《博物馆云端智慧传播初探——以中国国家博物馆实践为例》，《博物院》2021年第2期。
③ 李碧薇：《博物馆线下展览与线上展览协同发展研究》，《黑河学刊》2021年第2期。
④ 故宫博物院：《V故宫》，http：//v.dpm.org.cn/lingzhaoxuan/south.html，最后检索时间：2023年7月8日。

化采集、文物真实感重建、文物虚实结合智能交互技术、智慧博物馆沉浸式平台建设等方面，从元宇宙的基础数据、交互方式、沉浸式体验等角度，比较分析国内外智慧博物馆在元宇宙领域的最新发展，认为智慧博物馆元宇宙展示，能让现实世界中的使用者与虚拟场景中的文物进行互动，实时收集反馈信息，进一步加强对实体博物馆的运维管理。[1] 顾振清等认为博物馆通过元宇宙融合应用数据，来再现展品的时空，建立沉浸式体验的场景空间[2]。观众能远程或在现场，用移动设备、计算机以及增强现实、混合现实和虚拟现实设备，结合真实环境虚拟体验元宇宙内容。

1. 基于数字孪生的博物馆展览参观：虚实融合服务展览管理

数字孪生是博物馆元宇宙的底座，将博物馆环境、展览内容映射到虚拟模型实现虚实融合，为观众提供虚拟参观体验，并将观众参观展览数字孪生的实时数据反馈给博物馆，实现智慧博物馆展览与观众间的双向互动。

上海市历史博物馆（革命历史博物馆）发布数字孪生 1.0 版，用超精细三维技术复原博物馆及周边环境，实现博物馆大楼内外数字孪生，并设计构建了 14 个数字化应用场景，例如结合摄像头与算法实时了解每个展区的人流密度，以及相应展区和展柜的客流热度，方便展区管理；设计了开放页面，参观者可通过语音和手机端与博物馆进行交互，辅助导览；在数字孪生的四楼虚拟设置了"留言墙"，观众可留言或分享小视频，经审核后能在真实的博物馆序厅屏幕上实时显现；数字孪生还对接政府业务数据、物联感知数据、环境天气等多维

---

[1] 耿国华、贺小伟、王美丽等：《元宇宙下的智慧博物馆研究进展》，《中国图象图形学报》2023 年第 6 期。

[2] 顾振清、肖波、张小朋等：《"探索 思考 展望：元宇宙与博物馆"学人笔谈》，《东南文化》2022 年第 3 期。

实时动态数据，提供智慧服务①。上海市历史博物馆在数字孪生底座上，通过物联网、人工智能、算法等技术，完善实景诱导、精准导览，实现远程和现场两种模式观展，增强观众与系统的互动②。

基于数字孪生的博物馆展览能融合展览内容、展厅管理、观众行为和反馈等信息，通过实现虚实融合来优化参观体验。

2. 面向持续在线游戏的场景体验：虚实共生深化内容理解

在线游戏是元宇宙互动形式的重要特点，智慧博物馆元宇宙展示发挥在线游戏的写实再现实景、还原历史场景、趣味互动等优势，实现虚实共生，加深观众对文博内容的理解。

2022年，中央广播电视总台联合多家专业机构开发《三星堆奇幻之旅》元宇宙文博展示，采用了大规模即时云渲染和实时音视频通信技术，让观众通过手机以游戏方式体验沉浸式实时交互；《三星堆奇幻之旅》元宇宙在数字交互空间里构建了三张探索地图：代表现在的三星堆考古发掘大棚，代表未来的三星堆数字博物馆，代表过去的古蜀王国复现，观众以操作游戏的方式在虚拟时空里探索，结合考古现场、博物馆展览内容、古蜀国历史原貌，理解三星堆文化。③ 2022年，中国文物保护基金会与腾讯研发的《云游长城》元宇宙展示，通过云游戏技术，制作高精度还原喜峰口西潘家口段长城实景的数字孪生，观众用手机游戏形式，沉浸式虚拟体验爬长城和修长城，可通过考古、

---

① 韩晓余：《国庆到上历博数治新"阅读"上海首个数字孪生博物馆系统启用》，央广网，http：//www.cnr.cn/shanghai/tt/20210927/t20210927_525617388.shtml，最后检索时间：2023年7月10日。

② 张倩、查凌云：《科技赋能博物馆 上海市历史博物馆发布数字孪生系统2.0版》，央视网，https：//sh.cctv.com/2022/03/03/ARTIL8JDSTtNVy0BVx DDOz0W220303.shtml，最后检索时间：2023年7月10日。

③ 张莉：《中央广播电视总台推出大型沉浸式数字交互空间〈三星堆奇幻之旅〉》，央视网，https：//jingji.cctv.com/2022/06/15/ARTIw1R3 Mkg0QyLNA1hunIu2220615.shtml，最后检索时间：2022年7月11日。

清理、砌筑、勾缝、砖墙剔补、支护加固等简单趣味的互动，了解长城常识和修缮知识。[1]

使用持续在线游戏的方式，智慧博物馆元宇宙虚拟不同时空的场景，与实景结合共生更多知识，创新参观体验。

3. 线上线下混合现实参观探索：虚实共济提升理解

元宇宙构建的是一个与现实世界持久、稳定连接的数字世界，智慧博物馆元宇宙展示能用虚拟内容提升观众对实体展示的理解，也能用现实环境落实观众对虚拟世界内容的想象，实现虚实相济。

2023年，南京大报恩寺遗址博物馆开发了全真互联元宇宙博物馆，现场结合虚拟内容与真实景物；观众在博物馆入口的人体三维扫描装置处扫描自己，生成系统数字虚拟人，然后通过手机扫码小程序进入"报恩圣境元宇宙"，然后一边实地游览场馆，一边用自己的数字形象在元宇宙世界中探索对应的景物；例如，观众可以根据元宇宙任务线索，探寻景区内报恩体验馆以及大报恩寺琉璃塔等八大景点，实地对照元宇宙内容，了解对应的历史故事和文化内涵；也可以用手机扫描 AR 识别码或文物实体，实时欣赏文物 3D 模型与现实空间结合的实时图像。[2]

线上线下混合现实参观探索，加强了实体博物馆与线上内容的现场实时联动，增强了观众在展览现场的观览理解，同时让观众在参观中主动探索，加强了展览与观众的情感联系。

---

[1] 郑伟：《"云游长城"上线 毫米级高精度数字还原长城》，新华网，http://www.xinhuanet.com/tech/20220612/387d723bd203493ab3907d04fdc600 77/c.html，最后检索时间：2023年7月11日。

[2] 谢意、王超：《打造数字文旅新体验 南京大报恩寺遗址博物馆迈入"元宇宙"》，国际在线网，https://js.cri.cn/2023-04-13/335265ed-ee1b-33cb-3c5d-ee0a65ef6509.html，最后检索时间：2023年7月11日。

七　结论

本文通过文献综述，从探析元宇宙、智慧博物馆、智慧博物馆展览的定义概念，分析智慧博物馆的框架、数据库，深入探讨了智慧展览的个性化阐释服务以及智慧博物馆元宇宙展示，从总体框架到展览服务，从数据库基础到展览数据应用，从博物馆元宇宙到虚拟内容与真实环境的融合、共生、相济，探索智慧博物馆展览服务向元宇宙发展的路径。

第一，智慧博物馆的宗旨和理念与元宇宙相通，都是创造了一个与现实紧密相连的新世界，所以智慧博物馆在未来必将与元宇宙相互融合，智慧博物馆成为元宇宙文化生态的组成部分。

第二，元宇宙为智慧博物馆展览提供新的认知平台，推动智慧展览跨越物理世界和虚拟世界，通过深度交互拓展人类感官维度，变革人们认识展览和理解文化的手段。

第三，以观众、藏品、数据之间的互动为基础，我国建设了智慧博物馆框架，形成智慧展览设计和技术的开发架构、体系、服务，为智慧博物馆展览面向元宇宙发展界定了工作属性、标准、建设方案。

第四，统一化资源平台的智慧化数据库系统是智慧展览的基础，智慧展览资源平台建设为智慧展览和元宇宙获取信息与知识，并能分析、推理、理解、判断和决策提供基础数据。

第五，智慧博物馆展览个性化阐释，为观众提供便于感知、理解以及全景化和人性化的展览服务。博物馆通过感知观众、展品、展区服务的空间定位，提供个性化导览。智慧展览用观众画像、大数据分析、智能推送等技术，智能化讲解展览知识。应用虚拟现实与增强现实技术，智慧博物馆展览为观众提供能结合虚拟世界和物理世界的三维网络平台，通过不同时空展示博物馆文化内容。智慧博物馆展览用数字媒体搭载多元化展示内容，活化表现展品。在线展览通过网络拓宽观展渠道，使观众趋向元宇宙观展形式。

第六，智慧博物馆元宇宙展示通过虚拟内容与真实环境间的融合、共生、相济，增强观众与展览的互动，以及对内容的理解和情感联系。智慧博物馆用数字孪生融合展览、观众以及管理信息，通过实现虚实融合来优化参观体验。用游戏方式虚拟各种时空场景，与实景结合共生更多知识。吸引观众线上线下混合现实参观和探索，现场实时联动博物馆实体展览和线上内容，加强展览与观众的情感联系，实现虚实相济。

因此，智慧博物馆展览通过框架建构、数据库平台建设、个性化阐释、虚实融合共生相济，形成智慧博物馆展览服务向元宇宙发展的路径。智慧展览在未来将通过虚拟与物理时空深度融合来发展元宇宙沉浸式体验，更智能理解观众并提供智慧化服务来进一步激发人们的主观意志，为观众提供更全景化深度互动来提升观众对内容的理解和共创，在未来社会构建更智慧的文化生态图景。

我国游戏产业发展的新态势

汪祥斌　肖　健　孙佳山[*]

摘　要：我国互联网技术的逐步提升、互联网基础建设的逐步完善、移动互联网设备的逐步普及、全国互联网受众人群规模的逐年扩大，为国内数字化网络产业发展积累了深厚的用户基础，对我国经济发展影响力持续加深，持续推动国内游戏产业市场规模扩大。近年来，受国内市场变化的影响，全国游戏行业市场规模出现缩小趋势，传统的游戏业态悄然发生变化，既有营销模式上的变化，也有技术上的提升，还有内容上的突破，游戏产业迎来了新的发展机遇。

关键词：游戏产业；发展新态势；业态变化

一　新常态下游戏企业的机遇与挑战

2022年以来，国内游戏行业发生一系列重大变化。市场方面，国内大作不断但头部仍较为固化，企业全面推进出海；行业监管方面，

---

[*] 汪祥斌，DataEye公司创始人，深圳市高层次人才，深圳市南山区领航人才，广东省游戏产业协会专家团成员；肖健，中手游执行董事、董事长兼CEO，中国游戏产业研究院专家智库特约专家；孙佳山，中国艺术研究院文化发展战略研究中心副研究员。

版号恢复发放，未成年人监管措施成效显著；产品方面，小游戏、云游戏等形态快速成熟，元宇宙概念加速底层技术发展；营销方面，效果型达人营销快速崛起……经历这一系列变化后，当下国内游戏企业有哪些新常态？面临哪些机遇与挑战？

（一）国内游戏企业新常态

出海已经从"要不要"的问题，变成"怎么出"的问题。

笔者认为海外游戏市场目前的环境是：重度产品固化、中轻度产品竞争大利润薄、小众产品用户分散难出圈、产品同质化严重。聚焦到国内厂商，在如此大环境下的新常态是：2022年，中国手游已经开启"全面航海时代"。

不同于以往的出海态势，这里的关键词是"全面"，即大范围、普遍性地出海，大中小游戏公司都非常有紧迫感，其中有许多中小型公司其实本身没有什么出海的经验，现在终于开始下决心、下狠心了。2022年4月，受访的游戏开发商中已出海比例达43%，大幅高于2020年的27.5%[①]（见图1）。

这就导致一个新情况：出海游戏企业中，有大量中小玩家、"新手"玩家。这是"全面航海时代"的一大特征。此外，我们还发现一些新趋势、新特征：

过去，我们接触到的不论是大中小各类企业，产品立项的重心在于产品本身。往往是看什么题材什么玩法有潜力就马上做一个类似的、更好的产品试水。但现在有所变化。

大企业方面，越来越重视出海用户调研，不仅自己内部做用研，同时邀请外部合作伙伴再次做用研、反复做用研。过去是用研阶段结

---

① 艾瑞咨询：《游戏出海局面变了，认知成为关键因素》，今日头条网，https://www.toutiao.com/article/7070691761139483166/? log_from=ea5671c3a02dd_1661985652307。

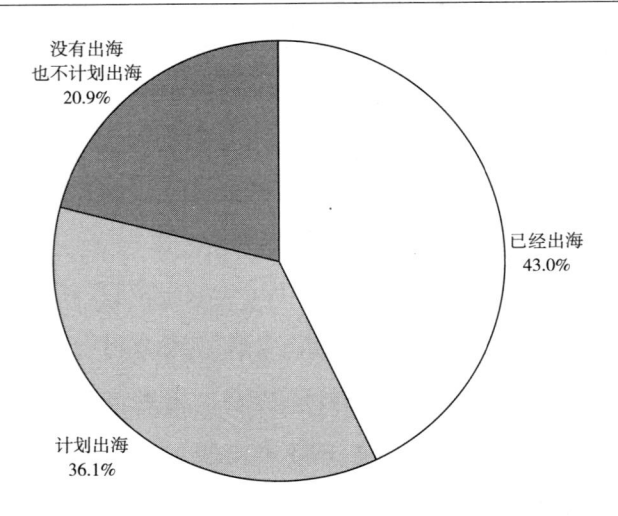

图 1　游戏开发者出海计划与行动分布（2022 年）

束后，直接进入研发评估阶段甚至直接做出 demo 内测。现在是先将一个介绍玩法的视频投放试水，并且海外项目较多、团队较小、测试频次较高——这与国内精品化/单品化的发展趋势完全相反。比如，网易单在放置卡牌赛道，5~6 月就接连在海外测试了 3 款新品；有媒体报道 IGG 近两年在海外低调测试了超过 20 款游戏，其中有 16 款 SLG。16 个字可以概括这种情况：小组立项、用研至上、小步快跑、快速试错。

中小企业方面，也把更多的精力放在前期用研上。特别是海外，由于缺乏这方面资源，往往委托第三方机构。相比大企业，中小企业更加重视自身赛道优势，更聚焦已成熟、已验证过的市场。同样，16 个字可以概括这种情况：聚焦优势、用研试水、跟随战略、短线快进。各类企业的变化，归根结底是"以尝试性、多样性，换确定性"的策略，说明游戏企业更谨慎、更小心、更多变了。

结合上述一系列新态势，一个现象尤为突出：一些被发现确定性较高的成熟市场，比如美日韩，过于饱和；而一些确定性没那么好但有较大潜力的市场，比如巴西、非洲，却少有企业（特别是中小型企业），因其风险太高，避之不及。

其本质是海外市场信息不透明，国内游戏企业对于潜力市场、潜力赛道的挖掘偏保守，"短周期、快变现"成为"全面航海时代"的普遍选择。

海外市场的大浪淘沙，处于"沙多""浪猛"、淘汰率高的阶段。

（二）营销新态势：效果营销多元化，品牌营销更务实

游戏营销，已经成为当下国内外游戏行业竞争的关键弯道，有两个新趋势异常明显。

趋势一：营销费用普遍缩减。

第一季度，加大研发投入，是头部上市游戏企业的普遍做法。相对而言，销售费用的同比增速往往大幅低于研发费用增速（见图2）。[①]

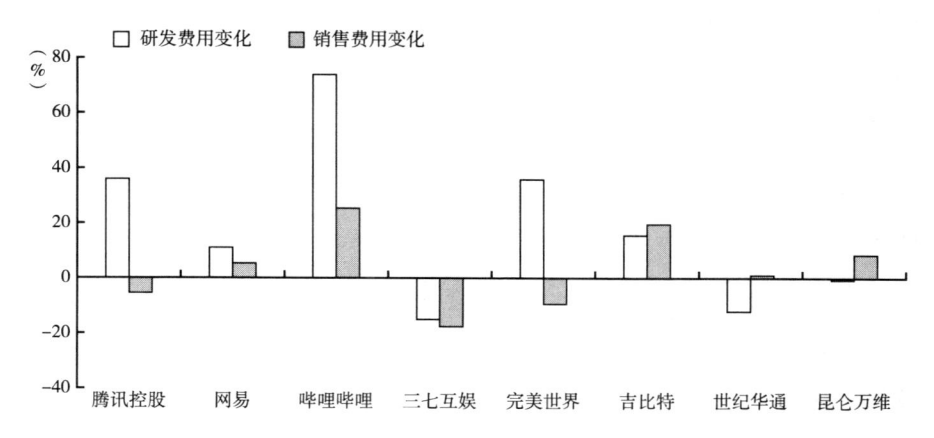

图2 各头部游戏企业第一季度研发费用、销售费用同比增速

[①] 《行业专题报告：页游转手游龙头的壁垒》，网易，2022年5月24日，https://www.163.com/dy/article/H85I0MP005268VHQ.html。

这意味着，头部厂商竞争回归产品研发本身，销售费用收缩、提效或是短期主流。

到了第二、第三季度，我们观察到这一态势更加明显。对于销售费用，以前是掰着手指头过日子，以后可能是端着放大镜盯着指纹过日子了——哪条纹路乱了、歪了、擦伤了，都可能是"重伤截肢"级别的。

趋势二：效果型营销方式多元化，品牌营销更务实。

在国内，主流的效果型营销方式的切换——从买量，走向买量+效果型达人营销——正在成为当下游戏行业快速变革的风眼。快速变革中，游戏企业营销转轨但"青黄不接、缓慢摸索"的情况也成为新常态。近两年，效果型达人营销（包括短视频、直播）快速崛起；效果型达人视频方面，《无尽的拉格朗日》大获成功后，6月共5、6款SLG集体入局效果型达人营销；效果型达人直播方面，禅游科技的棋牌游戏，三七互娱的《云上城之歌》直播场数位列抖音游戏直播榜前列。以三七互娱为例，效果型达人直播目前每个月能为其贡献约1亿元流水。

总体而言，主流的效果型营销方式正快速转轨，游戏企业摸索前进。

而在品牌营销方面，一个新的态势是：品牌营销更务实，与用户需求结合更紧密。以品牌联动为例，过去游戏企业联动，更注重品牌效果，比如《原神》联动桂林景区、黄龙景区；现在由于营销费用普遍缩减，品牌联动更务实，与用户需求结合更紧密，更注重数据量化。还是以《原神》为例，联动蒙牛随变冰淇淋、必胜客，可以通过购买的相关套餐、相关礼包码进行数据量化，同时也贴合年轻用户爱好美食的属性，《文明与征服》也跨界餐饮进行联动。

（三）挑战：游戏产业面临经济增速下行压力

1. 经济叠加新冠疫情等影响，国内外用户娱乐性支出下滑

不论是国内还是海外，新冠疫情带来了用户行为的改变以及线上流量红利的消退，经济形势的变化也减少了用户付费行为。《2022年1~6月中国游戏产业报告》显示：上半年中国游戏市场的实际销售收入为1477.89亿元，同比下降1.8%，疫情是抑制行业发展的主要因素。2022年上半年中国自主研发游戏海外市场实际销售收入为89.89亿美元，同比增长6.16%（见图4）。①

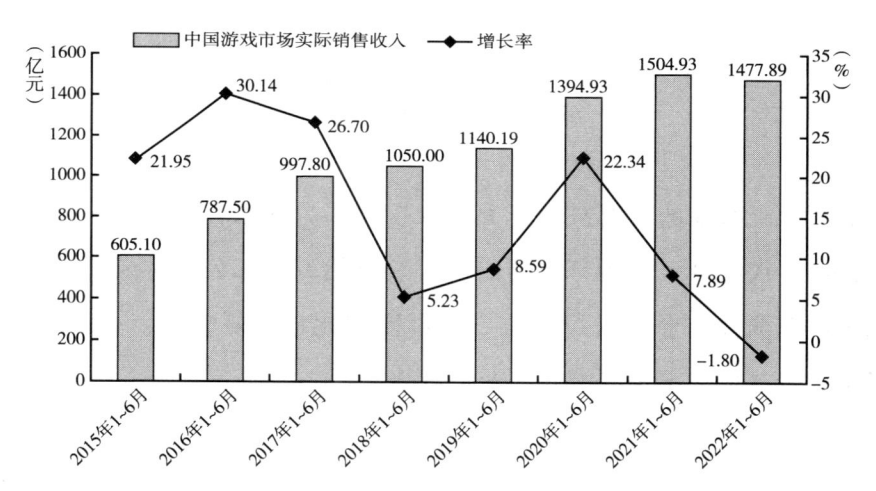

图3 2015~2022年上半年中国游戏市场实际销售收入及增长率

2. 头部企业裁员导致产业收缩

国内多家头部游戏企业近年来持续裁员，缩减营销预算，砍掉大量项目，对整个行业持续产生涟漪效应。

所谓涟漪效应，指产业上下游围绕大企业大公司的企业生态受到

---

① 中国音数协游戏工委、中国游戏产业研究院：《2022年1~6月中国游戏产业报告》，搜狐网，2022年7月21日，http://news.sohu.com/a/573092348_121094725。

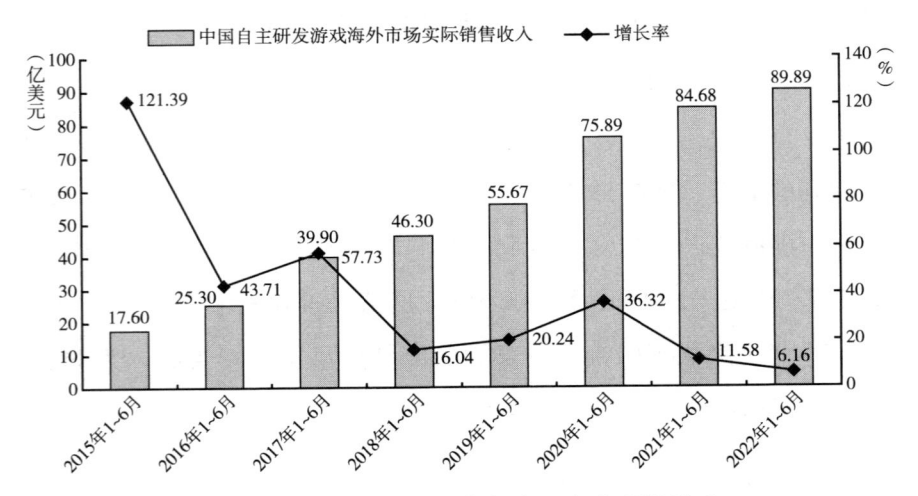

图4 2015~2022年上半年中国自主研发游戏
海外市场实际销售收入及增长率

严重波及，收缩的力度甚至更大。对于头部企业而言，可能只是裁掉1个项目10个人，但对于上下游而言，可能有多家公司主营业务受影响——涟漪效应会放大行业波动，可能演化成蝴蝶效应。产业收缩、降本增效或成为下半年游戏产业主旋律。

3. 投融资骤减，企业资金流紧缩

行业方面，2022年上半年统计的130起游戏投融资案中，国内占比26%（达34起）。数量较去年同期的124起（总量181起）下降72.6%，披露融资并购总金额33亿元，较去年同期下降90%。[①] 企业方面，以较为擅长投资的腾讯为例。截至2022年6月，腾讯公开披露的一级市场投资事件（不限于游戏行业）只有67起，总投资金额仅为33.77亿元。作为对比，2021年同期是148起，总投资

---

① 游戏陀螺：《33亿元VS 6631亿元，游戏投资机会尽在海外？》，快资讯网，2022年7月8日，https://www.360kuai.com/pc/94bb8984c76038393?cota=3&kuai_so=1&sign=360_57c3bbd1&refer_scene=so_1。

金额为 344.88 亿元——即使是巨头腾讯，也缩减了投资，金额下降了90%。[①]

（四）机遇：国外新兴市场、国内达人营销、小程序游戏

1. 出海仍有两大机遇：新兴市场与混合变现

出海机遇一：新兴市场的长线运营。

前文提到，在"全面航海时代"阶段出现了一个现象，其实也是一个机遇。一些被发现确定性较高的成熟市场，比如美日韩，过于饱和；而一些确定性没那么好但有较大潜力的市场，比如拉丁美洲、非洲，却只有头部企业去挖掘，中小企业积极性不高。

SensorTower 6月份出海收入 TOP30 的产品、下载量 TOP5 的市场中排名第一是美国，第二是巴西。而同样来自拉丁美洲的墨西哥，则位列下载量榜第4，排在印度尼西亚之后、印度之前。可见头部产品在拉丁美洲收获了不少用户。

以巴西为例，Statista 数据显示，预计到2022年，巴西电子游戏领域收入将达到 11.86 亿美元，营收预计将呈现 13.73% 的年增长率（2022~2026年复合年增长率）。再如非洲，非洲游戏市场普遍呈相对蓝海状态，头部集中度低，收入增长空间大，且各类别之间的收入总量并未出现过大差异。其中南非、尼日利亚均有不错的互联网渗透率，高于非洲总体平均值。

虽然巴西、非洲手游收入的数据表现相对逊色，但随着消费习惯的逐渐提升，以及当地支付电子化与便利性提高，游戏市场增长潜力将进一步释放。若有企业愿意扎根这类新兴市场，以长线运营思维与市场共同成长，长期来看必然能享受增长红利。

[①] 第一财经：《参投多家 A 股上市公司遭遇大额浮亏 腾讯放缓投资脚步》，东方财富网，2022 年 6 月 5 日，https://finance.eastmoney.com/a/202206052401798621.html。

出海机遇二：混合变现、广告变现。

根据谷歌今年1月对1.7万名全球移动游戏玩家的调研数据，玩家对广告的接受度尚可，抵触心态不严重：有40%的玩家对广告的影响持"非常积极"或"积极"的态度，只有25%的玩家认为是"消极"或"非常消极"的。同时，玩家对广告感兴趣程度也较高（见图5、图6）。

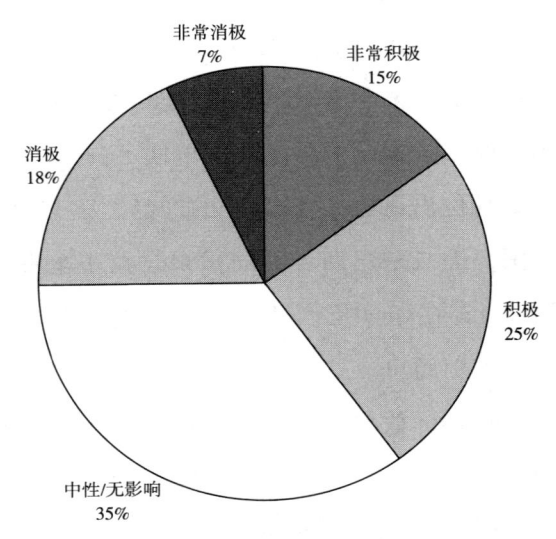

图5　游戏内广告对移动玩家的游戏体验有哪些影响？

另一佐证是Statista针对美国市场的调研数据：2021年美国手机用户中有34%的受访者点击广告，比例最高。这对于依赖IAA变现和混合变现的游戏来说，提供了更大的利润和发挥空间。

2. 效果型达人营销方兴未艾

我们观察到越来越多的企业入局效果型达人营销，特别是视频+直播"双开"，正在成为游戏企业必备的营销"武器"。DataEye数据显示，7月7日至8月6日的30天，有7款产品同时入局效果型达人视频、效果型达人直播。

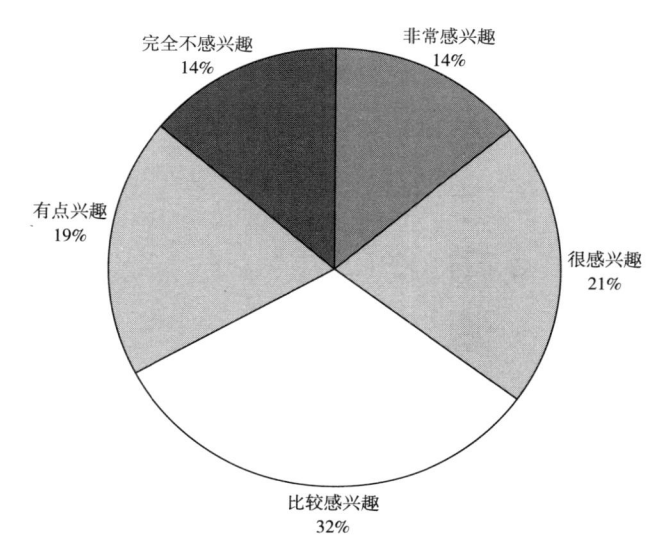

图 6　移动玩家对他们看到的游戏内广告内容的兴趣如何？

企业方面，网易旗下的《率土之滨》《天下》《倩女幽魂》《暗黑破坏神：不朽》《大话西游》《无尽的拉格朗日》《梦幻西游三维版》等主力产品都已入局达人营销，仅 8 月第一周就同时为 4 款游戏开启相关营销计划。在国内，游戏企业想实现弯道超车，不仅可以在产品上加大研发力度、累积技术"使狠劲"，还可以在营销上转化思路、创新打法"用巧劲"。

3. 小程序游戏快速崛起

DataEye-ADX 监测的数据显示，2022 上半年参与买量的小游戏数量持续攀升，环比 2021 年下半年增长 4 倍。特别是 2022 年第二季度平均游戏数，又较第一季度近乎翻倍。

根据腾讯公布的数据，微信小游戏开发者数量已达到 10 万+。2021 年流水破千万产品超 50 款，大流水爆款仍在不断涌现。2021 年微信 IAP 小游戏全年买量规模高速扩张，产品数增长 300%多，月买量规模超 10 亿。这得益于三大利好：①流量入口多样；②流水结构多

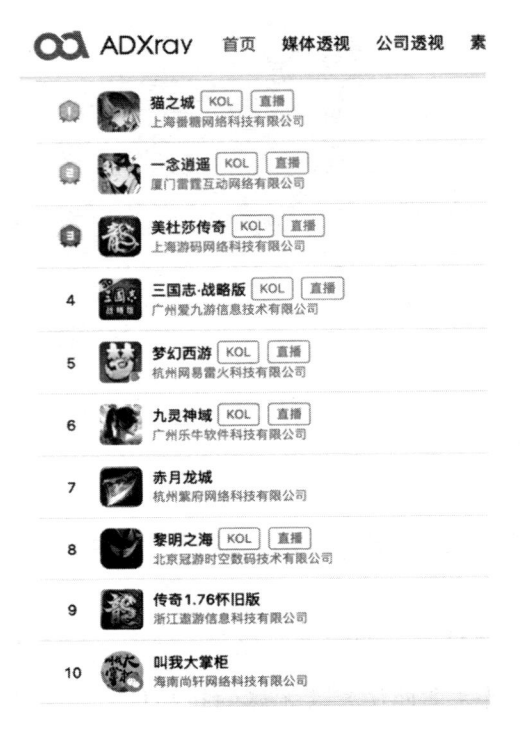

图 7　2022 年上半年参与买量的小游戏排行榜

元；③激励政策扶持，小游戏领域已成新风口。

总体而言，2022 年是中国游戏企业发展非常关键的一年。市场、用户、技术等要素都在发生剧烈变化。中国游戏企业不论在国内还是海外，都是机遇与挑战并存，彩虹和风雨共生。思想影响命运、机遇改变命运、行动决定命运。在剧烈变革的当下，希望中国游戏企业能提升思想认知、抢抓时代机遇、坚定果敢行动。

二　集中资源从内容布局国风元宇宙

自从 2021 年元宇宙概念受到市场追捧以后，元宇宙已经渗透到社会生活的方方面面，不仅被列入多地未来的经济规划中，也成为中国数字经济的重要组成部分。

元宇宙的概念极为宏大，其终极目标是一个平行于现实世界的虚拟数字世界。在高度复杂的数字化技术和硬件技术的支撑下，通过自然人、机器人、虚拟人等多重传播主体的共在共存，生成人、自然和机器紧密整合的系统化的生活世界。此前上映的电影《黑客帝国》系列以及《头号玩家》，均以影视化的手段呈现了元宇宙的冰山一角。

经过了近一年的概念科普后，目前市场对于元宇宙的框架已逐渐清晰，元宇宙世界由数字技术构建而成，主要包括互动操作系统和配套终端（如AR/VR/XR等）、价值结算系统（区块链平台以及功能节点）、内容生产系统（软件引擎、虚拟数字内容以及交互体系）等，同时还包括数据中心、云计算、通信光模块、边缘计算等信息基础设施的支撑。因此，针对元宇宙产业的布局从来就不是企业级组织所能独立完成的，企业总会选择自己最擅长的领域，集中资源进行布局。

作为游戏企业，产出的游戏内容天然拥有娱乐属性、引人入胜的内容、用户互动和充值交易等丰富的虚拟场景，能够实现具身化交互沉浸式体验，在布局元宇宙上具有先天优势。但受限于各游戏企业资源优势的不同，很多企业也需要将布局方向集中于内容生产的不同细分领域，比如以软件引擎这样的基础技术为主，或者以游戏内容为主。

中手游选择从内容方面突破，具体来说是从国风元宇宙及数字艺术品两个方面进行元宇宙布局。中手游目前正在打造的首个国风元宇宙游戏《仙剑世界》，主打的是娱乐消费型元宇宙，属于开放世界与MMO类型游戏的创新融合。笔者认为，大型开放世界游戏将是娱乐消费型元宇宙最适合的载体。目前，国内市场在开放世界游戏领域的竞争对手不多，中手游提前两年开始研发布局，正是看到了大型开放世界游戏和元宇宙结合的巨大市场空间。

图8　《仙剑世界》实机图

图9　《仙剑世界》实机图

《仙剑世界》依托于中手游旗下的国风仙侠第一IP《仙剑奇侠传》。已经诞生27载的《仙剑奇侠传》覆盖全球数亿华人，已成为国民级文化品牌和经典国风符号，承载了丰富多元的中华文化和国风内容，比如戏曲歌赋、民族风情、民族服饰和节庆节气，并渗透合作影视、服装、衍生产品和实景娱乐等多元产业链领域，实现内容+平台模式、虚实融合和沉浸式消费体验，打开国风经济消费市场。

图 10　《仙剑奇侠传》实机图

中手游内部也对《仙剑世界》有很高的期待，希望将其打造成一款高收入和长生命周期的战略级爆款游戏，更相信《仙剑世界》的元宇宙模块会带领产品进入万亿级别的国风消费市场。

之所以选择以这样的方式布局元宇宙，中手游是经过深思熟虑的，游戏内容、IP 运营是中手游擅长的领域，可以集中最优质资源，为广大玩家创造一个基于仙剑 IP 世界观的国风元宇宙，并以此为基础不断进行迭代发展。在丰富整个仙剑 IP 深度的同时，逐步采用元宇宙中的融合自由创造、虚拟数字人、数字化资产、虚实融合的娱乐、社交和电商消费领域的新技术，使仙剑元宇宙与现实世界接轨，形成一个在线上线下两端均具有价值和影响力、虚实融合的 IP 虚拟世界。

这样的 IP 虚拟世界将会给人类带来更多自由，令经典文化复现和永存。每个人都能在这个虚拟社会中自由展现自我。人群将不再以现有的方式来划分，而是根据文化划分，大家在进入元宇宙后依托他们所认同的文化创造自己的身份，进行社交和自由创造。全新的商业模式、消费场景、协作分工、组织形态都会在元宇宙中诞生，元宇宙的经济系统也因此能够持续运转下去。

甚至还有一种可能性，就是之后会有更多的 IP 元宇宙不断进行融合，扩展成为规模更大的元宇宙形态。这也很好理解，除了中手游外，还会有不少具备 IP 资源和运营实力的游戏会选择基于 IP 建构元宇宙的布局路线，这样的结果，就是在元宇宙生态初具规模的时候，形成多个 IP 元宇宙并存的局面。而随着市场竞争的不断加剧，IP 元宇宙的数量会逐渐减少，但功能却日益丰富，最终不断向元宇宙的终极形态靠拢。

三 红色教育推动游戏产业高质量发展

近日长征主题网络游戏《前进之路》，入选党史学习教育领导小组办公室组织编写、发行的《百年初心成大道：党史学习教育案例选编》。"游戏可以直接将玩家'带入'特定历史场景，让玩家扮演历史中的一个角色，从红色故事的'倾听者'变成'亲历者'，以充满趣味性的玩法、富有参与感的视角了解历史、传承精神，为红色教育提供了一种新思路。"[①] 该书对《前进之路》的评价，既为党史学习教育的新时代媒介路径指明了方向，也为认识游戏的当代文化价值提供了极大的启迪。无独有偶，在中国共产主义青年团成立 100 周年之际，

---

① 党史学习教育领导小组办公室编《百年初心成大道：党史学习教育案例选编》，人民出版社，2022。

采用叙事+互动的数字化呈现方式，生动还原中国共产主义青年团成立历程的叙事互动产品《星火筑梦人》同样深受广大青少年的青睐。

无疑，数字技术的进步正推动"主旋律"文艺作品、文化产品衍生出更多元、更新颖的形式和形态。作为数字经济的重要组成部分，游戏产业的繁荣发展对于我国在全球的文化和数字经济竞争中具有极为重要的意义。21世纪第二个十年以来，随着我国游戏产业的蓬勃发展，尤其是移动游戏的指数式攀升，网络游戏社会影响力进一步扩大，已发展成为年产值近3000亿元，用户规模近6.7亿人，从业者近200万人的庞大产业，是我国数字经济的重要板块和国民经济的重要组成部分。

由中国音像与数字出版协会游戏出版工作委员会组织编写、发布的《2021年游戏产业舆情生态报告》指出，在游戏企业加强行业自律，游戏产业积极向好发展、游戏产品精品化等行业发展大背景下，我国游戏行业的正向口碑年均值持续上升。2021年，在新修订的《未成年人保护法》正式实施、游戏行业管理多措并举、疫情下游戏产业积极融入数字经济等社会热点议题的推动下，"自主研发""精品化"等正成为我国游戏行业全行业的关键词。

当前，数字文化已是中国特色社会主义文化建设的重要板块，游戏产业也已成为宣传思想文化的重要阵地。不仅如此，在可预见的未来，以游戏、直播和短视频等为代表的数字文化产业在世界范围的主流社会中，也都将占据着一个不可替代的重要位置。显然，对此我们需要有更为全面、客观、正确的认识，使游戏在弘扬我国优秀传统文化、坚定文化自信和中华文化"走出去"等方面发挥积极正向作用，实现其服务于我国互联网的治理与发展，传递社会主义核心价值观的使命担当。

特别是近年来，我们越来越清楚地看到，美国等西方国家对我国的持续排挤打压，表面看似乎是集中于经济和科技领域，但其根源还是基于政治立场和意识形态的抉择。虽然我国的经济、科技发展早已被纳入西方国家主导的国际体系中，但我国的"主旋律"却并未按照西方国家的设定，而是始终行进在中国特色社会主义的道路上。广大游戏行业从业者同时也是文化工作者，对于我们面临的复杂严峻形势必须抱有清醒的认识。

因此，加强以游戏、直播和短视频等为代表的数字文化产业的网络思想政治工作，深入实施网络内容建设工程，加强网络传播能力建设，依法加强网络社会治理，推动思想政治工作的传统优势与信息技术深度融合，已经成为游戏行业全行业在新时代必须完成的基本命题。广大游戏行业从业者，必须要清醒地认识到提高自身思政素养的重要性和必要性，因为广大游戏行业从业者既是"大思政课"的学习者，同时也将成为"大思政课"的实践者和传播者。广大游戏行业从业者通过"大思政课"的学习，既能提升自身思政素养，也能通过优秀的作品、产品，在精神与文化层面，在国内外产生更大的影响力、感召力。

游戏企业坚持把社会效益放在首位，牢牢把握正确导向，守正创新，大力弘扬和培育社会主义核心价值观，努力实现社会效益和经济效益有机统一，并不是空谈。提升自身思政素养，可以最大限度地从源头杜绝违规问题的发生，避免在后期的审核、纠错中耗费不必要的人力、物力、财力和宝贵时间，这既是全行业健康发展的当务之急，也是彰显企业社会责任，体现使命担当的题中应有之义。

进入新时代，数字文化是中国特色社会主义文化建设的重要板块，游戏产业也顺理成章地成为宣传思想文化战线的重要阵地。游戏行业从业者的整体思政素养，不仅直接关系着我国文化产业的内在品质、行业形象和可持续发展动力，还不可避免地关系到当代中国的文化和意识形态建设的质量和水平。我们应进一步完善相关团体标准、行业标准和国家标准,科学研判形势,增强发展信心,辩证看待和统筹把握发展和安全的关系。不断做大做强做优包括数字文化产业在内的我国数字经济,使之更好地服务和融入新发展格局、推动高质量发展;坚持做好做足做通各类群体的思想政治工作,开展思想政治引领行动,将党的先进思想同具体的生产经营实践联系起来,把广大人民群众团结凝聚在中国特色社会主义伟大旗帜下,更为自觉地承担起举旗帜、聚民心、育新人、兴文化、展形象的使命任务。

游戏买量素材侵权纠纷的"五大"实务要点

杨 杰[*]

摘 要：推广素材的保护是以买量业务为主的网络游戏公司的一项重要工作，推出的热点素材经常被市场效仿甚至被直接盗用，在非诉手段达不到预期效果的时候，启动司法程序是必要的选择。同时要在定性作品类型与权利基础、准备权属证据、完善取证链条、多路径证明侵权损失、优化证据呈现形式五个方面做好准备，以便更好地提高胜诉概率。

关键词：游戏；买量素材；侵权纠纷；实务要点

对于网络游戏公司特别是以买量业务为主的公司而言，对推广素材的保护一直都是让公司头疼的问题。公司往往耗费了较大的人力、时间成本进行美术、视频素材的制作，以期通过信息流等渠道的推广获取用户关注，提升产品营收，但一个热点素材在推出之后往往会迎来争相效仿，甚至会有竞品公司直接盗用，导致用户被分流，素材的推广效果大打折扣。这时公司通常会先选择商务沟通等非诉手段进行处理，但非诉手段不一定都能达到预期效果，及时启动司法程序对于

---

[*] 杨杰，广东广悦律师事务所高级合伙人，中国游戏产业研究院专家智库特约专家。

打击侵权、挽回损失具有相当的必要性。在庭审场景下，法院会重点关注哪些问题？如何充分准备以提高胜诉概率？笔者拟结合代理类案经验，从庭审的视角解读此类案件的实务要点。

一 实务要点一：准确定性作品类型与权利基础

我国著作权法对作品进行了严格分类，将权利类型又划分为人身权与财产权，《中华人民共和国反不正当竞争法》对不正当竞争的具体行为也进行了分类规制。在庭审时，法官首先会要求原告明确其请求权基础，若主张侵犯著作权，主张保护的作品类型是美术作品、视听作品或其他作品。具体侵犯了原告的何种著作权利，是复制权、信息网络传播权、改编权抑或其他。如涉及不正竞争，需指出被告具体是实施了混淆行为、虚假宣传还是有其他不正当行为。

因此，准确定性作品类型与权利基础是原告在起诉时应当明确的首要问题。

（一）买量素材常见的作品类型

虽然《中华人民共和国著作权法》中列举了九种作品类型，但游戏买量素材案件中常见的作品类型基本集中为美术作品和视听作品两种。对于原告来说，准确定性作品类型将会直接影响诉请金额与判决金额，也会影响案件后续审理的方向和重点。

例如，若原告主张按"美术作品"进行保护，法院会直接以静态美术图片作为实质性相似比对的基础，在判决时也会考虑美术作品的数量、使用情形并参考对应的赔偿标准进行判赔。如《北京市高级人民法院关于侵害知识产权及不正当竞争案件确定损害赔偿的指导意见及法定赔偿的裁判标准》中，对于美术作品、音乐作品、视频类作品

等不同作品类型给予了明确的赔偿标准参考指导意见[①]:

第四章　美术作品法定赔偿的裁判标准

4.1【特别考量因素】

除一般考量因素外,美术作品的法定赔偿可以考虑的特别因素包括美术作品的类型、侵权商品中美术作品的贡献率等。

4.2【参考复制、发行量的基本赔偿标准】

被告未经许可复制、发行涉案美术作品,可以参照涉案美术作品的正版定价乘以侵权复制品的数量,再乘以根据涉案美术作品所占篇幅、所处位置、使用次数、贡献率等因素酌定的合适比率,确定赔偿数额。

4.3【复制、发行、放映、在线传播的基本赔偿标准】

……

第六章　视频类作品、制品法定赔偿的裁判标准

6.1【视频的范围】

本章规定的视频类作品及制品,包括电影(微电影)、电视剧、动画片、纪录片、短视频、MTV、综艺节目视频、体育赛事节目视频、连续的游戏画面等。

……

6.3【广播、放映的基本赔偿标准】

被告未经许可将涉案视频类作品进行广播或放映的,无其他参考因素时,电影、电视剧、纪录片、动画片类作品每部赔偿数额一般不

[①] 《北京市高级人民法院关于侵害知识产权及不正当竞争案件确定损害赔偿的指导意见及法定赔偿的裁判标准》,2020年4月。

少于2万元；微电影类作品每部赔偿数额一般不少于1万元；综艺节目视频类作品每期赔偿数额一般不少于3000元；其他短视频类作品每条赔偿数额一般不少于2000元。

除美术作品外，视听作品也是买量素材的常见类型。需要注意的是，如果原告主张按视听作品进行保护，则法院将会逐帧对比连续动态画面呈现的内容。原告需要向法官说明是整条视频抄袭，还是仅有其中几秒涉及抄袭。如果仅是视频中的单一形象，则不宜主张按视听作品进行保护，可考虑按美术作品进行保护，否则有可能经法院比对后得出不构成视听作品实质性相似的结论，从而影响诉讼结果。

（二）常见的被告侵犯著作权权利类型

如果原告所主张的权利类型错误，也可能导致无法获得法院支持，产生消极或不利的诉讼结果。例如在《昆仑墟》诉《灵剑苍穹》著作权侵权案件【（2018）粤0192民初1号】中，就因为原告提出被告侵犯其"复制权"与"信息网络传播权"的主张有误，导致法院在已经认定被告游戏画面与原告构成实质性相似的前提下作出"驳回原告全部诉讼请求"的判决。在买量素材侵权案件中，常见的著作权权利包括以下几种：

复制权，指以印刷、复印、拓印、录音、录像、翻录、翻拍、数字化等方式将作品制作一份或者多份的权利。实践中被告侵权原告复制权的方式包括单纯整体盗用原告素材，或者是保留原告素材的基本内容，仅作一些非实质性的改动，例如仅就色彩、图案做部分改动，而没有体现独创性的工作；信息网络传播权，指以有线或者无线方式向公众提供，使公众可以在其选定的时间和地点获得作品的权利。实践中，例如被告将原告素材通过短视频广告平台予以发布，由于信息网络传播是将作品以数字格式存储在介质上，再将这个数字文件上传到服务器，在服务器上生成一个新的复制件，使用户可以在选定的时间和地点获得作品，实质上也是一个复制品的传播过程，即构成信息网络传播权侵权就一定构成复制权侵权，所以在此类案件中原告如果同时请求保护复制权及信息网络传播权，法院一般不会重复评价，可能只针对涉案行为是否构成信息网络传播权侵权进行认定，鉴于游戏推广素材侵权多依托信息流等线上媒体渠道进行，原告可以直接主张信息网络传播权侵权，无须再单独主张复制权。

改编权，指改编作品，创作出具有独创性的新作品的权利。与复制的行为不同，改编是在原作品基础上进行的二次创作，所产生的新作品具有独创性，与原作品具有明显差异，相对于复制是一种更高明的"抄袭"，虽然具有一定的独创性形成了新作品，但也是使用了原作品的独创性表达，并不属于合理的借鉴。未经原作者许可的改编行为也属于侵权，《北京高院著作权审理指南》第5.15条也规定，"在原作品基础上再创作形成的改编作品，著作权由改编者享有。改编者有权禁止他人改编作品。改编者行使其著作权应当取得原作品著作权人的许可。他人使用改编作品应当同时取得改编作品著作权人和原作品著作权人许可"，实践中常见的侵权情况包括仿照原告推广素材的独创设计制作同类型的素材，或以原告素材为主要参考，在保留其主要特征的前提下进行二次衍生创作。

（三）常见的被告实施的不正当竞争行为

推广素材侵权案件中被告常见的不正当竞争行为主要是混淆，例如原告素材经大量、长期的推广投入已经具有一定知名度，被告故意攀附擅自使用，意图使用户误以为被告产品来自原告或者与原告产品具有一定联系，分流原告用户。

不过需要注意的是，著作权侵权与不正当竞争往往会出现行为竞合的情况，从我们的代理经验来看，法院可能会优先选择《中华人民共和国著作权法》对原告进行保护,当适用《中华人民共和国著作权法》足以保护原告权利或被告未能就不正当竞争提供证据时,法院将有可能不再适用《反不正当竞争法》追究被告责任。综上所述,原告所主张的被侵害的类型,往往会在此类案件中作为法院认定的争议焦点,若原告提出的请求权基础有误,则可能无法被法官支持,最终出现侵权事实被认定但诉讼请求被驳回的情况,实践中需要注意避免。

二 实务要点二:提前准备权属证据,作品登记并非万能

推广素材侵权案件中所涉及的作品多为视频及美术图片这类电子形式的文件,不同于实物作品,其可复制性强,署名较为困难。为了证明自身为权利人,许多公司会选择向版权登记中心提交作品登记申请,获取作品登记证书。但由于我国实行的是作品自愿登记制度,作品不论是否登记,作者或其他著作权人依法取得的著作权不受影响,故如果原告只提交了作品登记证书,法官在认定原告著作权人身份时仍会比较谨慎,例如被告提出原告并非涉案作品的作者、原告抄袭第三方素材,甚至能够提交涉案作品被第三方在先发表的记录时,原告权属的认定就会受到较大的干扰。

(一)哪些证据可以作为权属证明

根据《最高人民法院关于审理著作权民事纠纷案件适用法律若干问题的解释》第七条,当事人提供的涉及著作权的底稿、原件、合法出版物、著作权登记证书、认证机构出具的证明、取得权利的合同等,可以作为证据。可见除了作品登记之外,还有很多权属证据可以提交,对于不同的权属证据,我们根据庭审中遇到的情况提示原告公司注意以下几点:

1. 作品登记证书：建议在作品完成后及时进行登记，并据实填写创作完成日期，尽量避免在发现侵权后临时提交作品登记的情况，作品完成登记需要一定时间，临时登记可能拖延起诉进度，且如果作品登记日期晚于被告将涉案作品发表的日期，则原告的著作权人身份很容易受到被告质疑。

2. 底稿：如美术作品的 psd 底稿、视频作品的 ae 工程文件、ue4 工程文件等，对于核心素材，建议公司注意源文件管理，避免因为人员离职导致丢失，底稿可用于当庭展示，当庭不便展示的，也可以通过公证、联合信任时间戳录屏等方式固证或者存储在介质中提交法院核实。

3. 原件：一般是涉案作品的成品文件，在侵权方直接盗用作品的情况下，其通常是通过网络公开途径下载，较难获取到原件，故原告也可向法院提交所掌握的作品原件用于证实身份。

4. 合法出版物：如果涉案作品此前在原告享有权利的合法出版物（如图书、动漫）中有过发表，也可以用于证明原告著作权人身份。

5. 认证机构出具的证明：例如公证机构出具的电子数据保管证书，可以用于证明原告的存证时间。

6. 取得权利的合同：如原告经授权取得著作权，可以提交合作协议或单方授权书。需要注意的是，如果原告所获得的并非独家授权，还需要经授权方获取涉案作品的著作权维权权利，才可以以自身名义提起诉讼。

除以上证据外，部分著作权人也会通过在视频等文件中添加水印的方式进行"防伪"，这对于证实权利人身份也有一定帮助，但需要注意所设计的水印应该能够与自身相关联且便于识别，例如使用自身图形商标或公司名称。

（二）权属证据证明力不足的例外情形

我们在实践中遇到的另外一个情况，是当原告拿出作品登记证书及底稿原件时，作品的权利来源或独创性仍然被质疑，这与原告的素材制作方法有关。目前市场上存在多款视频、图片作品专业制作软件，其中有些模板为软件自带，原告在制作过程中如果使用了这些自带的素材来进行二次创作，将会被法官和被告从以下方面进行质疑：

第一，利用专业软件创作的"作品"是否具有"独创性"。如果在创作过程中仅是通过从软件自带的素材库中"选择"单一元素，然后在固定的模板中进行编排组合，利用软件自动生成视频文件，将会使整个作品的独创性大大降低。

第二，利用专业软件生成的作品，原告是否享有维权权利。需要关注的是，并不是利用专业软件作出的作品，原告就必然享有维权权利。有一些第三方专业软件已事先对产出作品的著作权归属和使用目的进行了限制约定，而原告用作游戏买量的商业目的已经超出了第三方软件的范围，这将导致原告不一定对买量素材享有维权权利，从而无法实现维权目标。

三 实务要点三：取证链条须完整

在原告被证实权利人身份后，还需要清晰、准确地指出被告实施了何种侵权行为。但实践中，很多公司在起诉前的取证环节为自行录制或截图，导致取证链条不完整，证据存在诸多瑕疵，法官难以认定侵权事实。

（一）不同取证方法的优与劣

首先，作为原告方需要保证所取证内容的真实性。在我们处理的案件中，被告多是在信息流广告渠道使用了原告作品，例如在抖音等短视频平台使用原告作品并链接己方产品进行推广，这类广告的发布日期可能只有短短几天，证据极易流失，公司人员在发现侵权后，可能只进行了截图或者利用手机自带的录屏工具进行录屏取证，这种证据的真实性很可能被侵权方否认。为保证证据真实，则需要对证据进行固定，常见的固证方式有公证处公证和第三方软件保全两种，但对于买量素材维权的案件来说，这两种方式各有利弊。

1. 公证处公证：根据《中华人民共和国公证法》第三十六条，经公证的民事法律行为、有法律意义的事实和文书，应当作为认定事实的根据，但有相反证据足以推翻该项公证的除外。可见除有相反证据外，经过公证的内容应当被法院确认，公证的证据效力较高。但被告在信息流渠道推送的广告具有时限性，且所使用的设备、网络不同，也可能导致经算法推荐的广告内容不同，原告发现侵权后再安排人员前往公证处使用公证处的设备和网络进行取证时，相关证据可能已经消失，且公证成本较高，对信息流渠道的取证而言，公证不一定是最优的方式。

2. 第三方软件保全（如时间戳等）：相较于公证，使用第三方软件取证时没有经过公证员对取证设备的清洁性检查，效力不及公证，但目前也已经有司法判例认可原告通过时间戳等第三方软件所做的保全，且时间戳工具对于信息流广告的取证存在优势，取证人员可以使用自己的设备下载工具后进行录屏，可以在发现侵权后的第一时间完成固证，成本也相对较低。

（二）第三方平台记录难以作为单独认定侵权行为存在的证据

基于信息流广告"精准投放"的特点，原告在证据保全时难以直接通过信息流广告渠道还原侵权事实。但目前市场上存在类似DataEye、热云等第三方广告营销工具，这些工具可以抓取广告主在多个渠道的推广数据（包括投放内容、时间、平台、落地页主体等），原告可以通过上述平台查找到被告的投放记录，从投放记录中可以看到买量素材的完整内容，以此证明侵权行为存在。

不过从当前的案例情况来看，法院对于上述第三方广告营销工具中的记录，仍然会结合原告提交的其他证据综合判断侵权事实，原告如果没有直接证据证明侵权，仅有第三方广告平台的记录，其作为一种间接证据，可能仍显薄弱，无法支撑整个侵权事实。

此外，原告的取证逻辑链条应该清晰，过程应当完整，不仅需要取证到侵权推广素材全貌，还需要取证到素材的发布主体、落地页显示的游戏开发者、游戏运营主体（如隐私政策、用户协议、游戏内公告落款主体、游戏官方公众号运营主体）、收款主体等，确保侵权事实可以与被告相关联。如仅有侵权推广素材的网页链接，可以尝试通过工信部域名信息备案管理系统查询网页归属，这也是一种确认侵权方的方式。

四　实务要点四：权利人应从多路径证明侵权损失

根据《中华人民共和国著作权法》第五十四条，著作权纠纷案件中损害赔偿的确定依据包括原告实际损失、被告违法所得、权利使用费、法定赔偿（500元以上，500万元以下）、惩罚性赔偿、为制止侵权行为所支付的合理开支。作为网络游戏大省，广东省高级人民法院也曾在《关于网络游戏知识产权民事纠纷案件的审判指引（试行）》中进一步提出确定损害赔偿数额的参考因素，因此原告公司在提出赔偿数额请求时，可从以下方面进行举证：

（一）原告如何证明自身"实际损失"

根据《最高人民法院关于审理著作权民事纠纷案件适用法律若干

问题的解释》第二十四条规定，权利人的实际损失，可以根据权利人因侵权所造成复制品发行减少量或者侵权复制品销售量与权利人发行该复制品单位利润乘积计算。发行减少量难以确定的，按照侵权复制品市场销售量确定。《广东省高级人民法院关于网络游戏知识产权民事纠纷案件的审判指引（试行）》第三十八条规定，原告请求保护的权利客体的知名度及影响力、原告游戏的下载数量、充值流水、玩家人数、市场份额的减少情况、利润的损失情况、侵权行为持续时间、同类型游戏的平均利润率、游戏软件的开发成本等，可作为确定原告因被侵权所受到的实际损失的参考因素。

实践中，原告可以提交买量素材知名度的相关证据，特别是在买量素材与游戏内容相关的情况下，原告可以提交如游戏的所获奖项、下载量、注册用户量、游戏收入等证据证明其知名度，也可以从素材制作的开发成本、推广成本出发，证明自身已经投入了大量金钱及成本对涉案素材进行推广，无论是素材或关联游戏均具有相当的知名度，被告的侵权行为对原告造成的损失较大。如果被告游戏与原告游戏本身也属于同一类型，涉案素材也涉及原告作品中的重要角色/场景，则更能说明被告使用原告作品将导致用户的混淆误认，从而分流了原告用户，进一步证明损失程度。

（二）原告如何证明被告"违法所得"

根据《广东省高级人民法院关于网络游戏知识产权民事纠纷案件的审判指引（试行）》第三十八条规定，被诉游戏的下载数量、充值流水、玩家人数、实际退费情况、侵权行为持续时间、同类型游戏的平均利润率、被诉侵权元素对被诉游戏获取利润的贡献程度等，可作为确定被告因侵权所获得的利益的参考因素。

其中，侵权游戏的流水数据较难直接获取，但原告也可以通过一些间接方式证明其获益，例如通过推广页面的点击量、游戏下载量、游戏开服组数、上市公司披露数据等证明被告通过使用原告作品引流了大量用户，违法所得金额较大。

（三）其他参考及惩罚性赔偿的适用

根据《最高人民法院关于审理著作权民事纠纷案件适用法律若干问题的解释（2020修正）》第二十五条第二款规定，人民法院在确定赔偿数额时，应当考虑作品类型、合理使用费、侵权行为性质、后果等情节综合确定。因此，如果原告的买量素材本就是委托第三方外包制作，或通过第三方授权使用的作品，可以提交委托开发合同、授权合同、费用支付凭证等证据给法院作为酌定赔偿数额的参考。

此外，根据《最高人民法院关于审理侵害知识产权民事案件适用惩罚性赔偿的解释》，如果被告故意侵害原告知识产权且情节严重，原告可以请求判令被告承担惩罚性赔偿责任，其中被告经原告或者利害关系人通知、警告后，仍继续实施侵权行为、被告与原告或者利害关系人之间有业务往来或者为达成合同等进行过磋商，且接触过被侵害的知识产权等情况下均可以初步认定被告具有侵害知识产权的故意；如果有因侵权被行政处罚或者法院裁判承担责任后，再次实施相同或者类似侵权行为、以侵害知识产权为业等情况，则人民法院可以认定为情节严重。

实践中，原告在起诉前向被告发送的警告函、律师函、向媒体渠道的投诉函、与被告人员沟通的聊天记录等均可以用于证明被告侵权故意，如果被告此前已经与原告有过同类纠纷且被认定侵权的，也可以被认定为情节严重，这种情况下法院有权按照《中华人民共和国著作权法》第五十四条第一款所确定数额的一倍以上五倍以下适用惩罚性赔偿。

不过需要注意的是，主张适用惩罚性赔偿的前提应当是确定"基数"，即原告应当证明自身实际损失或者侵权方违法所得的具体数额，否则将难以获得法院支持。例如在杭州网易雷火科技有限公司、海南元游信息技术有限公司广州分公司等侵害商标权案件【（2020）粤73民终3881号）中，广州知识产权法院认为"网易公司虽在本案一审审理期间主张适用惩罚性赔偿，但并未举证证实其因侵权所受到的实际损失或侵权人因侵权所获得的利益，故本案不符合惩罚性赔偿的适用条件，本院对此不予支持"，最终未支持网易公司的惩罚性赔偿请求。

（四）制止侵权行为所支付的"合理开支"包括哪些费用

根据《最高人民法院关于审理著作权民事纠纷案件适用法律若干问题的解释》第二十六条规定："制止侵权行为所支付的合理开支，包括权利人或者委托代理人对侵权行为进行调查、取证的合理费用。人民法院根据当事人的诉讼请求和具体案情，可以将符合国家有关部门规定的律师费用计算在赔偿范围内。"

实践中，原告若主张维权合理开支，可提交与律所签订的委托合同、律师费发票、公证费用发票、费用支付凭证用于主张维权合理费用的赔偿。

五 实务要点五：以审判便捷为目的，优化证据的呈现形式

伴随着司法主动适应互联网发展的大趋势，线上审理越来越常见，杭州、北京、广州也设立了互联网法院，鉴于游戏行业素材推广侵权案件所涉及的作品通常是电子形式，涉及图片的展示和视频的播放，线上审理的方式为此类案件的审理也提供了诸多便利。但从我们的代理经验来看，即便此类案件经线上审理，原告方也需要在庭前和线下开庭一样做好充足准备，特别是在涉案作品、证据体量大、播放

时间长的情况下,需要从审判视角出发,为法官提供便于快速、准确理解案件争议及事实的方法。

我们建议原告在证据的串联、编排及呈现方面采用一些合乎逻辑的方法,例如对不同证据的关键部分进行截图,并按步骤、按时间通过制作文档等形式对证据与证据之间的证明内容加以说明,方便法官理解阅读。只有做好充分的前期准备,才可以在时间有限的庭审中尽最大可能还原案件事实,实现预期的维权效果。

图书在版编目(CIP)数据

文化力研究 . 2023-2024 年卷：总第 4 辑 / 蓝天主编 . 北京：社会科学文献出版社，2025.5. --ISBN 978-7-5228-5032-0

Ⅰ. G0

中国国家版本馆 CIP 数据核字第 2024HE3956 号

文化力研究（2023~2024 年卷　总第 4 辑）

主　　编 / 蓝　天

出 版 人 / 冀祥德
责任编辑 / 陈晴钰
责任印制 / 岳　阳

出　　版 / 社会科学文献出版社·皮书分社（010）59367127
　　　　　 地址：北京市北三环中路甲 29 号院华龙大厦　邮编：100029
　　　　　 网址：www.ssap.com.cn
发　　行 / 社会科学文献出版社（010）59367028
印　　装 / 三河市龙林印务有限公司

规　　格 / 开　本：787mm×1092mm　1/16
　　　　　 印　张：15　字　数：193 千字
版　　次 / 2025 年 5 月第 1 版　2025 年 5 月第 1 次印刷
书　　号 / ISBN 978-7-5228-5032-0
定　　价 / 98.00 元

读者服务电话：4008918866

版权所有 翻印必究